主编 | 贺雪峰　吕德文

做接地气的
调查研究

吕德文 著

人民东方出版传媒
People's Oriental Publishing & Media

东方出版社
The Oriental Press

图书在版编目（CIP）数据

做接地气的调查研究 / 吕德文 著 . — 北京：东方出版社，2023.11
（理解中国）
ISBN 978-7-5207-3636-7

Ⅰ.①做… Ⅱ.①吕… Ⅲ.①社会调查－研究方法 Ⅳ.① C915-3

中国国家版本馆 CIP 数据核字（2023）第 172817 号

做接地气的调查研究

（ ZUO JIEDIQI DE DIAOCHA YANJIU ）

作　　者：吕德文
策　　划：姚　恋
责任编辑：杨　磊　李志刚
装帧设计：张　军
出　　版：东方出版社
发　　行：人民东方出版传媒有限公司
地　　址：北京市东城区朝阳门内大街 166 号
邮　　编：100010
印　　刷：北京明恒达印务有限公司
版　　次：2023 年 11 月第 1 版
印　　次：2024 年 9 月第 3 次印刷
开　　本：660 毫米 ×960 毫米　1/16
印　　张：18
字　　数：200 千字
书　　号：ISBN 978-7-5207-3636-7
定　　价：62.80 元
发行电话：（010）85924663　85924644　85924641

"理解中国" 总序

当前，中国正处于百年未有之大变局的关键时刻，理解中国是一个时代命题。

中国在延续一百多年来的现代化之路。"革命"和"改革"是中国时代变迁的主题，这注定了中国的现代化具有赶超性，其"变局"在某种程度上是规划出来的，结果却是剧烈的，也可能是意外的。

中国现代化在开启一种新的可能性。中国式现代化是勾连过去和现在的"变局"。当前的中国社会有无限的发展动力，也暗藏着社会风险。我们要顺利到达彼岸，还需要理解当下。

我们可以说，"变局"意味着一个全新社会形态的出现。无论从哪个角度上看，中国都已经告别了乡土社会，城市和乡村交融共生的城乡社会形态正在成型。当前，中国的城镇化率已经超过了 65%，绝大多数人口都生活在城市，且相当部分生活在农村的人口也曾经生活在城市，都市生活方式已经扩张。但是，中国城市化具有典型的"半城市化"特征，人们也普遍过着"亦城亦乡"的生活，乡村是中国现代化的稳定器和蓄水池，乡土生活仍然是中国人的人生价值和生活意义的源泉。

中国社会运行的底层逻辑在发生改变。一些根植于传统中国的社会机制，如家庭本位、集体主义等，在工业化和城市化过程中不断地解体和重构。在互联网技术的加持下，人们的生活世界和交往行为在变革。哪怕是最弱势的老年人，最偏远的农村，也很难摆脱现代生活方式的洗礼。但我们必须警惕，将抽象和外来理论机械地运用于解释中国社会。因为，中国式现代化过程根植于中国传统文化，也与中国特色的城乡关系有关。我们提倡进入到中国社会内部中去，"理解中国"，就要调查中国、认识中国。

过去二十多年来，华中村治研究团队一直致力于"理解中国"。20世纪90年代末，我们开展了转型期社会性质研究，对乡村治理的社会基础展开研究。2009年，我们出版了中国村治模式实证研究丛书，试图揭示进入21世纪后中国农村正在发生的静悄悄的革命。此后，我们又以团队的博士论文为基础，出版了华中村治研究丛书，对中国社会变迁的诸多专题开展了系统研究。这些年来，我们也努力将自己的一线观察及时呈现出来，参与公共政策讨论。

华中村治研究团队坚持"田野的灵感、野性的思维、直白的文风"的学术风格，我们的灵感来自田野，分析根植于经验，写作服务于大众，真正践行把学术做在祖国大地上。

"理解中国"丛书尝试理解"变局"，以鲜活、灵动的方式将中国社会的底层逻辑呈现出来。丛书论题不拘一格，我们希望通过持续的努力，将"变局"图景拼接完整。

贺雪峰　武汉大学社会学院教授

2023年6月16日

大力推进调查研究，建设社会学中国学派 *

——《做接地气的调查研究》代序

当前，世界百年未有之大变局加速演进，中国社会正经历前所未有的变化，有许多新的社会问题需要调查研究。社会学是经验科学，是一个有强烈问题意识和经验本位的学科。遗憾的是，社会学界对调查研究的认识还存在一些不足，亟须积极推进调查研究，让社会学研究更好地扎根中国大地。

社会调查是迈向实践的社会学研究的前提。坚持经验本位的社会学研究，问题意识应来自社会调查，研究立意需要回应社会实践。基于此，社会学研究应遵循"实践→理论→实践"的大循环模式。理论源自实践，是对经验的抽象；理论也要服务于实践，可以还原为具体的经验，服务于对经验的解释。当前学界却流行"理论→实践→理论"的小循环研究，研究问题意识源于理论假设，研究落脚点也仅是为了弥补既有理论缺陷。在这一研究范式中，社会调查仅仅是为了寻找证据材料，服务于精致论证。其结果是，社会学研究领域一方面存在缺乏调查研究证据的"大

---

* 原文载于《中国社会科学报》2023 年 10 月 10 日。

而化之"的研究，另一方面也存在调查研究不扎实、与实践相距甚远的"自说自话"的研究。

社会调查是改变学风文风的重要途径。社会学研究是科学、专业的研究，也是面向大众、具有极强公共性的研究。具体而言，社会学研究不仅要承担专业知识积累和理论创新的职责，也负有向社会各界解释社会问题、为决策和执行机构提供咨询建议的职责，要提供让大众有共鸣的学术创见。因此，面向大众的学术，是社会学研究的品格。当前的社会研究充斥着烦琐主义、术语泛滥问题，使得社会学研究一定程度上远离了真实社会。为此，我们倡导田野的灵感、野性的思维和直白的文风。这方面，毛泽东同志写作的社会调查报告，其文风和学风值得我们学习。在社会学界，费孝通先生的社会调查研究，也是面向大众的学术研究的典范。

社会调查研究是建构中国自主的社会学知识体系的基础。社会学是一门外来学科，其理论和方法大多源自西方。西方前沿的社会学研究，往往是回应欧美发达国家的现实问题。但中国社会学有自主性传统，吴文藻等中国社会学前辈在引进社会学时，便有鲜明的本土化意识。然而，当前社会学研究在一定程度上存在低效"对话式研究"：研究的问题意识往往源自西方，学术发表也是在西方学术期刊上，评价标准也主要遵从以影响因子为主的国际期刊分类标准，这影响了中国自主的社会学知识生产。社会学只有扎根中国大地，回应中国式现代化进程中的实践问题，并在学术、政策和社会公共领域持续发力，形成百花齐放、百家争鸣的局面，才能不断提升对经验的认识水平，提升理论思维高度，真正有助于对实践的解释、预测与指导。

社会调查研究不是一种姿态，也不是一门纯粹的技术，而是需要投入巨大热情、运用科学方法、充分调动理性分析的综合性思维和实践活动。积极推进调查研究，要避免蜻蜓点水式的调查，通过饱和式的调查析出思想、理论和概念。

饱和式的社会调查，强调调查和研究的同步性。调查和研究是不可分割的过程，调查服务于研究，研究也有助于调查。在一般情况下，研究者需要亲自调查，在调查过程中同步完成材料的收集、分类和分析工作。在社会调查中，不仅要充分占有材料，保证材料的真实性和有效性，还要同步完成对材料的分析，形成对材料的在地化理解。当前学界对社会调查研究存在一定误解，把社会调查和研究人为地分割开来，把调查视作体力活，而把研究看成脑力活。由此，学界也形成了一种不良风气，有一些老师把学生当作纯粹收集资料的调查员，自己则是坐享其成运用资料进行分析的研究者。这种人为分割，既不利于开展好的研究，也不利于培养学术人才，更无法实现深入的社会调查。

饱和式的社会调查，强调调查和研究的完整性。社会调查研究的对象具有整体性，社会调查就得有完整性。在研究对象极其明确，问题也非常清晰的情况下，进行结构性的访谈或者经过科学设计的抽样调查，是可以实现调查的完整性的。但在大多数情况下，社会调查研究是在探索未知，调查活动的开展就需要有开放性，社会调查的完整性就得在调查研究过程中完成。因此，社会调查研究需要允许"意外"的发生：本来是研究 A 现象，但由于 B、C 等现象与之相关，就得将这些意外出现的变量一起调查分析，在持之以恒的调查中完成对研究对象的整体把握。例如，在村庄调查中，社会调查的整体性进路可以归纳为"村庄内部提问题，现象之间找关联"。事实上，社区调查、机构调查、群体研究、事件调查、政策评估，都有类似的调查研究路径。只有在经验内部进行持续、反复的解释，才能建立有结构的整体，形成对具体研究对象的抽象。

饱和式的社会调查，最终呈现为调查和研究的深入性。社会调查研究是一项科学活动，其最终成果是学术创见。社会调查的基本目标是获得资料、对社会问题有完整描述、给社会提供有效信息，社会调查的最高目标是通过对社会现象的整理和分析，形成一般性的认识——提供认识社会问题的新视角、新方法或新的概念解释。因此，社会调查研究往往没有对错，只有深浅，"大而全"的肤浅结论，远远不如"片面的深刻"结论来得重要。

面向中国式现代化伟大实践，有许多经验需要去总结，也有很多挑战需要去应对。当前中国社会的社会结构、社会主要矛盾、社会运行的深层机制均处于深刻变化之中。同时，中国还是一个区域差异较大的社会，各地面临的问题也不尽一致。因此，社会学界有责任通过积极推进调查研究，通过饱和经验，努力形成中国自主的社会学知识生产体系，为中国式现代化贡献力量，促进社会学中国学派的形成。

贺雪峰

01

大兴调查研究

社会科学要从实践中来，再到实践中去。

19世纪末20世纪初，"西学东渐"改造了中国的国家机器。用今天的标准看，那时候的"西学"，主要是自然科学和社会科学。西学东渐除了有思想启蒙作用外，更重要的是满足了国家治理现代化的需求，为国家机器内部的专业化、技术化转型提供了强有力的支撑。典型如严复翻译《群学肄言》，其刚开始的作用确实是一种思想启蒙，通过引入"市民社会"，来反思君主专制。但从后续的学术发展看，"群学"更重要的作用是，它为认识社会、理解社会，提供了非常好的认识工具，调查研究作为一项科学活动，本质上也有治理术的作用。

1. 近代中国的调查研究

二十世纪二三十年代中国兴起了关于中国社会性质论战的学术运动，这个学术争论和历史上的学术争论不一样的地方是，它是社会科学式的争论。论战各方除了有各自的理论武器，也要结合中国实际拿出论据。比如，以陈翰笙为代表的中国农村经济学派，运用现代经济学的方法，通过大量田野调查证明了中国农民受到严重剥削，从而科学论证了中国是一个半殖民地半封建社会。在这一时期，毛泽东等中国共产党人也做了很多有分量的田野调查，为中国共产党认识中国社会性质提供了直观依据。由此，学术界和实践界形成了共振局面。

这场学术运动的意义，除了为中国革命实践提供了理论判断外，还呈现了现代学术与政治关系的实践样态：学术具有公共性，哪怕是学院派的学术活动，也不可能回避重大社会问题。而学术介入公共政治，不能仅仅依靠理念和价值，还需要理论和方法，通过严肃的论证参与实践。比如，即使是与中国农村经济学派持反对意见的陶希圣，也反对"为公式而牺牲材料"，中国走社会主义或资本主义道路，是经济发展和阶级势力转移的问题，不是爱憎和喜惧问题。

学院派的实证的、专业的知识生产，也在直接或间接地影响着公共政治。比如，二十世纪三四十年代，社会学、人类学是学院派色彩比较浓厚的学科，但它们也参与了现代中国社会的调查，为现代国家治理提供了基础。在学院派的学术实践中，任何一个调查，都是在特定场景中产生的。这个场景，可以是村庄、社区、工厂或机构，也可以是特定的社群、组织或其他活动形式。人类学的调查一般都是以异文化，尤其是没有文字的部落作为调查研究的对象，因此，人类学的调查通常也被称作是田野调查。但后来，人类学也逐渐将现代文明当作调查研究的对象，其中的重要标志便是费孝通在江苏开弦弓村调查基础上写作的《江村经济》。

《江村经济》完成于二十世纪三十年代。它以苏南的一个普通村庄作为调查研究对象，对村庄的土地、人口、家庭、经济、文化等要素进行了解剖麻雀式的研究，回应了工业化冲击下中国乡村现代化的基本命题。《江村经济》不仅在人类学和社会学的学术史上具有范式转换的意义，也在塑造注重田野、求真务实的中国学术传统中发挥了重要作用。

彼时，中国学术界正在掀起一场走向田野的运动。除了参与中国社会性质论战的各个学科，社会学界有一大批从事社会调查研究工作的项目和计划，比如，李景汉等人开展了人力车夫、手工艺人、底层百姓、妙峰山香客、天桥艺人等方面的调查，发表了诸多调查报告；杨开道、许仕廉对清河地区的社会、经济和政治等展开了普遍调查。在民俗学界，也有一大批学者走向田野，民歌和民间艺术被广泛重视，得到了收集和研究。而在诸多社会团体的社会活动中，社会调查也得到了充分重视。比如，在这一时期的乡村建设运动中，梁漱溟主持的邹平实验、晏阳初主持的定县实验以及卢作孚主持的北碚实验，都产生了重要社会影响。

某种意义上，"走向田野"已经成为旧中国救亡图存的重要社会运动，这也在中国共产党领导的革命斗争中获得了回响。以毛泽东为代表的第一代中国共产党人，非常重视社会调查，并将调查研究视作实事求是、群众路线的重要表现。1927年1—2月，毛泽东历时32天，对湖南湘潭、湘乡、衡山、醴陵、长沙5县的农民运动进行考察，撰写了《湖南农民运动考察报告》这一光辉文献，对认识和指导农民运动起到了关键作用。在井冈山和瑞金时期，毛泽东留下了《寻乌调查》等光辉文献，"没有调查，就没有发言权"获得了广泛认可。在延安时期，毛泽东同志亲自校读了保存下来的调查材料，编为《农村调查》一书，并写了序言和跋。在1942年整风运动中，《农村调查》的序言被列为整风学习文件之一，强调用调查研究去反对主观主义，保证中央路线、政策在各地和各个部门正确贯彻执行。也是在这一时期，党组织开展了一系列高水平的调查，极大提高了党的战斗力。

党的第一代领导人在具体的革命实践过程中学习运用马克思主义理论，形成了极高的社会科学素养。马克思主义不是教条，而是一种具有分析性的理论方法。中国传统的学术是按照"职业分途"来认识中国社会的，社会被分成士、农、工、商等职业群体，乃至于，梁漱溟这样的具有文化守成主义特点的学者，在《中国文化要义》中也用"有职业分途、无阶级分野"来描绘近代中国的社会特征。甚至于，费孝通的《乡土中国》，也暗含了和梁漱溟"伦理本位"类似的解释。但中国共产党人掌握了阶级理论后，就形成了认识中国社会的全新视角；通过实证调查，把中国社会的主要矛盾给揭示出来了。"守成"与"革命"是两种不同的价值取向，但它们都要建立在实证材料基础之上。在这个意义上，中国共产党人做的社会调查研究，无论是在政治实践中，还是在学术范式上，都具有典范意义。

近代中国的国内国外环境异常复杂，国内的政治势力很多，社会矛盾也很尖锐。中国共产党作为一个先进的政治集团，除了要有先进的思想、高超的组织技术以外，还要有科学的工作方法。和以往的政治集团不同，中国共产党的政治实践不是从典籍里找依据，而是在调查研究中获得力量。不管是有意无意，她认识到改造中国得有科学依据，做任何决策都要符合实际，因此调查研究就必不可少。比如，《湖南农民运动考察报告》，其实就是要对党内外质疑农民运动过火的舆论说不，用事实说服大家继续开展农民运动的工作。

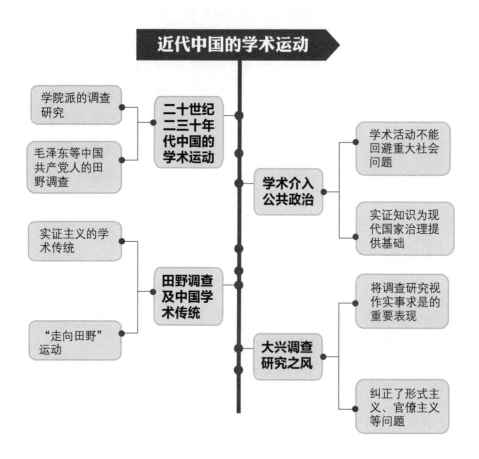

近代中国的学术运动

学院派的调查研究

毛泽东等中国共产党人的田野调查

二十世纪二三十年代中国的学术运动

实证主义的学术传统

"走向田野"运动

田野调查及中国学术传统

学术介入公共政治

学术活动不能回避重大社会问题

实证知识为现代国家治理提供基础

大兴调查研究之风

将调查研究视作实事求是的重要表现

纠正了形式主义、官僚主义等问题

毛泽东不是社会调查的科班出身，但《湖南农民运动考察报告》做到了最高境界。迄今为止，这篇报告还是中国社会调查报告的范本。从学术标准看，一篇报告能做到材料和观点的统一，就算是极高水平。但很多报告，要么是只有材料的罗列，没有核心观点；要么就是通篇是观点，材料却不完整；要么就是观点和材料"两张皮"，各说各话。绝大多数报告能够提供一个事实，就算是成功。但杰出的报告不单单是要提供事实判断，还要推动社会变革，将立场融入材料和观点里。这篇报告是有鲜明立场的，同情和支持农民运动是报告的灵魂。关键是，这个立场并没有自说自话，而是用充分的材料分析，让人信服，完美诠释了学术和政治的统一。

中国共产党是以马克思主义理论为指导的政党，马克思主义不单单是意识形态，还是包括政治经济学、社会学、政治学等在内的社会科学。因此，用马克思主义指导中国革命，就需要实证化。社会科学不是一个抽象的学说，而是一个经验科学，其核心特点就是可分析性。对任何社会问题，都要具体问题具体分析，不能用"大词"去取代。可见，中国共产党人的社会调查研究，和近代社会科学注重田野、参与实践的学术品格是高度一致的。调查研究在党和国家的治国理政实践中有极其重要的地位，它不仅融入治理实践中（如重大决策先向社会征求意见、重大政策先试点），还成为党的建设的主要载体，每当党内出现官僚主义、形式主义风险时，党中央就会号召全党开展大兴调查研究活动。

历史上，中国共产党在1941年和1961年开展了2次大兴调查研究之风。1941年调查研究的"田野"主要还是农村，但到了

1961 年，则不仅有农村，还有城市、工厂等各行各业。历史证明，通过"走向田野"，大兴调查研究之风，为寻找正确的革命道路奠定了基础，也有效纠正了一段时期内党内的形式主义、官僚主义问题。李强总理说，"坐在办公室碰到的都是问题，深入基层看到的全是办法"，大兴调查研究之风说到底是政治实践科学化的体现。

2. 调查研究的本土化

对中国来说，社会科学理论是外来的，面临本土化的问题。典型如马克思主义理论，也存在和中国实践相结合的问题。外来的理论是怎么样实现中国化的，非常值得探讨。

早期中国共产党内部分裂出了托派，他们中的一些代表人物的文章，看上去十分"纯正"，几乎完全是按照马克思主义的"教义"来理解中国实际的。在他们看来，中国共产党既要反对帝国主义，又要反对封建主义，还要反对资产阶级。基于这种理论指导，他们反对国共合作，哪怕合作是为了反对帝国主义侵略，那也不行，国共合作就是"机会主义"。

这种"纯正"的理论指导，在理论上演绎或许无妨，但真要实践起来，中国共产党怕是会成为孤家寡人，最终也不可能完成自己的历史使命。从本土化的视角看，托派和以王明为代表的教条主义其实没有本质区别，他们都机械地理解马克思主义，机械地执行共产国际或其他政治组织对中国问题的"指示"，都是未完成本土化改造、没有和中国实际相结合的理论。

相反，"山沟沟里的马克思主义"一直坚持理论和实践的结合。这个实践，首先是来自革命实践，从工作出发来理解理论；

其次是来自调查研究，从实际出发来运用理论。学术界有一个说法，认为中国共产党是一个学习型政党，她善于学习吸纳外部的理论，始终保持与时俱进。这个说法是很有道理的。从中国共产党诞生之日起，她就一直在翻译和消化外来理论。与此同时，第一代领导集体在长期的革命过程中，一边闹革命、一边做调查研究，革命到哪里，调查到哪里，在此基础上创立了毛泽东思想。

在中国社会学史上，以吴文藻和费孝通为代表的社区学派被看成是社会学本土化实践的典范。应该说，这一判断是准确的。社区学派的理论来源是西方的功能主义理论以及经验主义方法等，但其之所以能够中国化，核心在于实地研究方法的运用。换言之，社区学派的形成，主要来自费孝通等人开展的社区研究项目，他们在实地调查中理解中国，并尝试"学以致用"。

毛泽东等人从事的社会调查研究，和社区学派开展的社区研究，共同之处都是采用个案研究方法，都是试图通过个案来理解中国社会的一般问题。如果回到二十世纪三四十年代的时代背景，他们选择个案研究方法是有一定道理的。一是当时的中国社会整体上是一个农业社会，社会的均质化程度比较高，将社区当作一个小型社会来调查，通过"解剖麻雀"的方式来认识社会，是有一定可能性的。二是从方法上考虑，无论是社区学派还是中国共产党人都注意到个案研究的局限性。比如，社区学派设想通过类型比较来解决个案代表性问题，而在中国共产党的理论论述里，一直强调具体问题具体分析，强调在特殊性和一般性之间建立平衡。三是二者都有极强的理论自觉，其个案研究并不只是完成一个文本，而是要形成对中国社会性质或具体问题的理论认识。他们都反对只做社会调查，不做理论研究，都强调既要描述社会事实，也要解释社会事实。

怎样从个案中抽象出一般，在方法论上有很多的争论。但有一点大概是共识：社会科学要从实践中来，再到实践中去。个案是"实践"的载体，通过个案研究，"解剖麻雀"，就可以把实践的样态呈现出来。也只有在个案被解剖清楚了以后，理论才能迈向实践，将那些看似抽象而无比正确的理论，还原成可理解的、充满张力和矛盾的描述。最后，经过理论和经验的融合、对话，形成一个新的判断，这就是本土化后的新理论。

比如《寻乌调查》里对婚姻自由的描述，不同性别、年龄和阶级，对婚姻自由的态度有非常大的差别，而苏维埃政权对婚姻自由的办法，也有过多次变化。人们对"自由结婚"和"自由离婚"的看法也差异极大。在土地革命中，"婚姻自由"是一项极其重要的内容，也是中国共产党先进性的表现，但这一抽象的理念和目标要落地，却要建立在实地研究基础之上。"婚姻自由"作为一般原则是没问题的，但其具体实践，却得根据地方的文化习惯、革命的阶段和革命的主要目标进行调整。

理论只有在个案中具体化了，并经过反复的分析、提炼，最后才能解决普遍性的问题。《江村经济》的副标题是"中国农民的生活"，为什么江村可以是中国农村的缩影，当地农民正在过的日子，为什么就能够说明中国农民的生活状况呢？这当然源自人类学上的方法论指导，也来自作者的理论提炼，即"对事实的解释"。但更重要的是，它来自个案的完整呈现，来自不被外来理论所切割的经验呈现。《江村经济》是人类学的一个里程碑，

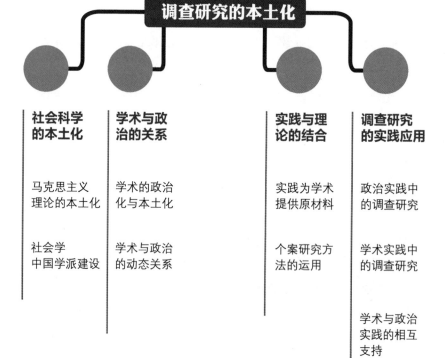

调查研究的本土化

社会科学的本土化

马克思主义理论的本土化

社会学中国学派建设

学术与政治的关系

学术的政治化与本土化

学术与政治的动态关系

实践与理论的结合

实践为学术提供原材料

个案研究方法的运用

调查研究的实践应用

政治实践中的调查研究

学术实践中的调查研究

学术与政治实践的相互支持

也是社会学本土化的代表作，恰恰是它没有刻意去回应某个具体的理论问题，而是聚焦于本土经验的呈现和解释。

回顾二十世纪三四十年代的学术史，毛泽东思想和社会学的社区学派，只是调查研究本土化的典型代表。事实上，当时几乎所有社会科学都在开展社会调查研究，都在试图"学术救国"。比如，在延安文艺座谈会的前后，文学、艺术等一些看上去不存在"本土化"问题的领域，也走向了田野。比如，文学和艺术创作有了"采风"这个操作流程，作家和艺术家要走入基层，走入普通人的生活中去发掘题材，去反映社会现实。乃至于，一些真正接地气的作家，还吸收了地方的语言、文化和风俗习惯，使得其作品具有鲜明的地域特色。可以说，调查研究是现代中国学术的基因，也是学术"经世致用"的必由之路。

调查研究除了服务于本土化的学术实践，也服务于政治实践。客观上，学术与政治的确是相互生发的，这种生发往往在调查研究中完成。比如，如果文艺工作者不真正深入农村、部队、工厂，去接触群众、体验生活，怎么都很难理解延安文艺座谈会的讲话精神，也就不可能创作出《白毛女》《小二黑结婚》《暴风骤雨》等一大批反映现实生活的群众喜闻乐见的优秀作品。同样，一些严肃的理论话题，只有置于具体的经验场景中，才能得到理解。

以民族圈层理论为例。今天，中华民族多元一体的格局已经有广泛共识，但在抗日战争期间，如何认识中华民族却出现过学术争论。当时，为了强调团结一心抗日，且防止日本帝国主义的阴谋，政界和社会各界普遍宣扬中华民族只有一个的观点。其中的典型代表是傅斯年，强调中华民族是一个整体。但从学院派的视角看，这种论述有失严谨。尤其是像费孝通这样从西方留学回来的学者看来，按照西方民族理论，中华民族显然不是一个，而是由诸多民族构成的。在傅斯年等人看来，费孝通的学究气有点不合时宜。后来，费孝通也慢慢退出了争论。

费孝通在新中国成立后参加了民族识别工作，对中华民族史也有一定关注，再加上学术界孜孜不倦的努力，综合了二十世纪三十年代两种针锋相对的观点，最终在二十世纪八十年代形成了中华民族多元一体格局的论述。具体而言，中华民族是有圈层结构的，第一层是中华民族，第二层是56个民族。民族圈层理论既兼顾了中华民族是一个共同体的历史事实，也照顾到了中华民族是汉族和其他多个少数民族共同构成的现实。至此，有关民族问题的认识上，理论和实践得到了统一，学术和政治得到了弥合。

可见，学术与政治的关系有两个方面，一是政治实践引导本土化理论建构；二是学术实践建构现代国家，两者互相依存、并行不悖。这在调查研究上表现尤为明显，在中国共产党一百多年的历史中，调查研究既是学术实践，又是政治实践，二者构成了党和国家治国理政的基本底色。

3. 调查研究的实践内涵

如何从治国理政的角度理解调查研究？

首先，调查研究是循证治理的工具。调查研究代表社会科学的实证精神，它植入了现代国家的政治实践，也就使得现代国家具有了循证治理的特征。现如今，国家治理从议程设置，到决策、执行，最终到评估和反馈，都需要建立在调查研究基础之上。比如"十四五"规划制定的时候，习近平总书记在长沙亲自召开基层座谈会，征求基层的意见。并且，还进行了网络征求意见，征集了大量的建议和意见。按常规，规划制定前会有不少课题组开展前期研究，针对不同专题征求相关部门的意见。再比如，有关部门依靠第三方对地方的脱贫攻坚成效进行评估，通过"三率一度"的调查对各地的政法工作进行评价，通过专业调查队开展创文创卫等活动。甚至于，很多城市在城市管理过程中引进第三方，对城市管理工作进行考核。今天，调查研究不是一种姿态，而是全方位地进入了治国理政的各个领域和各个环节，循证治理已经非常彻底。

其次，调查研究体现了群众路线的工作方法。群众路线是党的生命线和根本工作路线。群众路线的核心内涵是"从群众中来，到群众中去"，即将群众分散的无系统的意见集中起来，经过研究，化为集中的系统的意见，又到群众中去作宣传解释，化为群众的意见，使群众坚持下去，见之于行动，并在群众行动中考验这些意见是否正确。可见，调查研究是群众路线的主要载体，是群众工作法的具体途径。

调查研究的过程是民主集中制的过程，也是全过程人民民主的具体表现。调查研究不单单是为了收集信息，让决策更加科学，并不是一个简单的政策性诉求，它还具有鲜明的政治诉求。在调查研究的过程当中，群众要参与，且不单单是被动地提供信息，还需要循环往复地提出意见和建议，这是一种自下而上的逆向的政治参与。在决策中向群众"开门"，向群众广泛征求意见，本身也是人民当家作主的表现。但调查研究中民主和集中相结合的方式，却不是一种政策竞争，而是通过不断的协商来凝聚共识。

再次，调查研究是解决循证治理带来的意外后果的有效方法。现代国家往往在循证的原则上，建立了理性化的官僚体系。但理想型的官僚系统是，国家机器是一个"无人统治的系统"，国家的政治机器一旦发动以后，官僚系统就会自己运转，不需要人操纵，各部门都按部就班地各司其职，官员只是这个机器的零件而已。如果一个官员在其岗位上没有尽职履责，他将受到处分，这在任何一个理性化程度比较高的国家都一样。但通常出现的情况是，虽然每一个岗位都不存在履职不到位的问题，但特定地方、特定系统在特定事件的处置过程中，却出了问题。更有可能的是，很多部门和官员倾向于形式上履职，实质上不负责任，由此出现了官僚主义、形式主义问题。

调查研究可谓是对官僚机器的一种"检修"，让治国理政回归到实质主义的轨道中去，即官僚要对实质问题负责。事实上，我们国家的官僚系统一直都是有人驾驭的，不允许出现无人驾驶的局面，一旦出现了严重后果，哪怕行政程序合乎规定，有关负责人也需要负责任——他们没有渎职，也就不存在负行政责任；但他们要负政治责任，其实就是驾驭官僚系统的责任。且，在追责的同时，还要对意外事件进行调查研究，"举一反三"，补上制度上的漏洞。

调查研究塑造了循证治理，它也在维护循证的科学性，防止官僚主义、形式主义泛滥。调查研究有平等性，调查者和被调查者之间是平等的关系，是党和人民群众关系的具体化。复旦大学的白钢教授有个说法，说党和人民群众之间的关系是师生辩证法，党是先锋队，人民群众要依靠先锋队组织和动员起来。但是，先锋队又来自人民群众，先锋队只有拜人民群众为师，才能不断保持先进性。调查研究就是师生辩证法的重要体现。领导干部往往是先进分子，在日常工作中具有先进性，通过组织赋予的权威，以及自身的模范作用，去教育群众。但在调查研究中，这种关系是颠倒的，群众是老师，领导干部是群众的学生，只有群众才了解基层实际，只有虚心向群众学习，才能增强本领，保持先进性。所以，调查研究中的平等性，以及师生辩证法的具体开展，打破了官僚等级制和封闭性，让官僚制这一循证治理的工具更具适应性。

调查研究有统一性，调查和研究是不可分离的。调查本身就

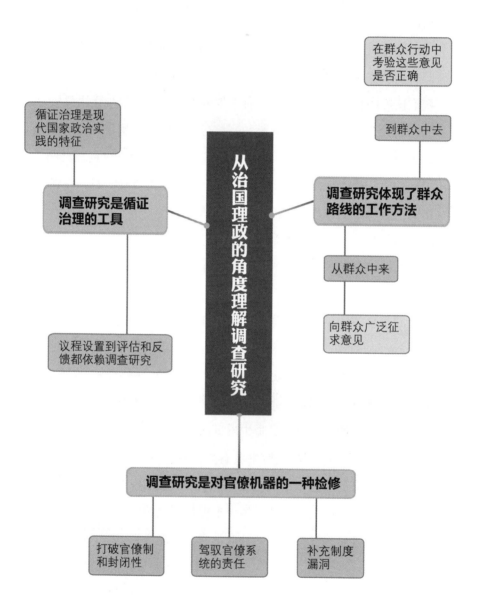

从治国理政的角度理解调查研究

调查研究是循证治理的工具

循证治理是现代国家政治实践的特征

议程设置到评估和反馈都依赖调查研究

调查研究体现了群众路线的工作方法

在群众行动中考验这些意见是否正确

到群众中去

从群众中来

向群众广泛征求意见

调查研究是对官僚机器的一种检修

打破官僚制和封闭性

驾驭官僚系统的责任

补充制度漏洞

是研究的过程，研究要建立在调查基础上，二者合二为一。所以，调查者和研究者的两个身份，是不可分离的。领导干部去搞调查研究，结果他自己不调查也不研究，而是成立一个专班，抽调人员，让下属去搞调查研究，自己只是挂个课题组长的名，这就很麻烦，根本就没有达到调查研究的目的，他自己也没有机会接受群众的教育。要是他还美其名曰指导一下，可能就更麻烦，他还可能瞎指挥，调查和研究进一步脱节。调查研究的统一性来自决策者亲自去调查，把群众分散的意见收集上来，并经过和群众、同事的反复讨论，形成思路，再把自己的思路反馈到群众中去，看是否符合实际，如此循环往复，调查与研究合二为一。

调查研究有开放性。开放性是什么？调查研究的议题是开放的，反对形式主义的调查。调查研究是为了获取信息，服务于循证治理，也服务于执政合法性建设。假如说调查研究成了展演性活动，对调查过程严格控制，甚至访谈谁、如何访谈、被访谈者应该提供什么信息，都提前做了准备，甚至做了预演，那就不可能有调查发现。调查研究的目的就是发现经验的意外，调查者与调查对象之间反复互动，碰撞出思想的火花。作为一项官僚体制下自上而下安排的"工作"，调查研究是按部就班、程序化，是受到严格控制、不允许出现意外的；但作为一项研究工作、走群众路线的具体载体，调查研究又是开放的，意外的出现恰恰是合情合理的。

4. 大兴调查研究

2023 年 3 月，中共中央办公厅印发了《关于在全党大兴调查研究的工作方案》，要求各地区各部门结合实际认真贯彻落实。调查研究是一项科学活动，是不是注重调查研究，是判断一个领导干部是否实事求是的重要标准。领导干部是否"接地气"，则关系到决策的科学性。大兴调查研究之风有利于确立实事求是的作风，而实事求是既是调查研究的方法也是其要达成的目标。为实现这一目标，首先需要厘清一段时间以来调查研究中存在的异化问题，认清什么是好的调查研究，同时也要避免一窝蜂似的调查研究给基层带来新的困扰。

在治国理政过程中，党和国家将调查研究置于重要位置，也建立了一套完善的体制机制加以保障。但是，很长时间以来，调查研究也出现了异化。

一是专司调查研究的机构逐渐失去了调查研究的功能。比如，各级党委政府一般都有调查研究的综合部门，它们主要负责本地重大问题的调查研究工作，为党委政府提供决策咨询。中央和省市的一些职能部门，也建立了专注于本部门业务的调查研究机构，为决策和规划提供依据。现如今，很多调查研究机构出现了职能异化，其主要职能已经演变为给领导撰写讲话稿，很难有时间和精力做独立而长远的调查研究工作，仅存的一点调查研究工作也仅仅是通过走马观花和向下级索要数据资料为既存的观点提供依据。也因此，调查研究机构具有了"秘书"的功能，却丧失了"参谋"作用。

二是部分领导干部的调查研究活动异化。有些领导把调查研究当作一项"活动"，视作一种政治展演，调查的对象、路线和话题等，都经过严格控制，很多调查活动的场景也经过了布置，调查者和被调查者都成了演员。有些领导干部则把调查研究改造为视察活动和检查工作，还没开始认真调查就对基层的各项事务指点江山、下指示，对看到的不满意的地方，甚至还借用上级的权力要求整改，调查者和被调查者之间严重不平等。很多领导干部在调查研究活动中只是身体在场，但脑子并不在场，其资料收集和分析，调查报告的写作，都依赖于助手。因此，这些领导干部的调查研究活动，不仅没有真正对所调查的主题进行深入的研究和思考，还折腾了基层。

调查研究的异化，不仅无法为决策提供科学依据，它本身也成了官僚主义、形式主义的根源。为此，只有回归到调查研究的本来面目上，用正确的方法开展调查研究活动，才能发挥调查研究的功能。

现如今，社会调查的场景很多样。在一些专业领域，国家的统计数据特别充分；如今也是一个信息化的社会，很多信息都在互联网上有留痕，通过正确的数据挖掘方法即可获得。因此，适当采用与时俱进的调查研究方法，参考多种资料数据，有利于做出更符合实际的决策。但社会调查研究是关于"人"的活动，任何调查方法都取代不了调查者与被调查者面对面的互动。更重要的是，领导干部的调查研究活动不仅仅是为了决策科学，更是一种群众路线的载体。领导干部要通过调查研究了解基层实际，和基层干部群众交心交朋友，访谈法和实地观察就显得尤为重要。

实地观察最为常用的就是"解剖麻雀"的方法。以毛泽东为代表的中国共产党人的农村调查，就是通过解剖麻雀式的方法来认识当时的中国社会的。此外，在二十世纪三四十年代，社会学的中国学派通过对若干个村庄的实地调查，对其经济、社会、文化和政治进行整体性研究，形成田野报告。比如，费孝通在抗战时期带领学生开展田野调查，形成了《云南三村》等调查报告。《云南三村》和《江村经济》其实形成了一种类型和区域比较，这对于认识复杂中国有极大帮助。也正是基于这些经验认识，他写作出了《乡土中国》这样的经典作品。

无论是学术调查还是工作调查，在调查方法上都有共通之处。其核心在于，调查活动得实现立场、观点和材料的统一。无论是学术调查还是工作调查，都是为了在最大程度上获得社会的真实信息，最大程度上实现公共性。因此，调查者和被调查者并没有根本冲突，这也是调查活动可以开展的前提。调查中所获得的观点，不仅源自立场，也来自材料的真实性。调查研究活动本身需要价值中立，尽量避免过多的预设，调查研究的结论也要基于证据，具有科学性，从而实现价值和科学的统一。在调查研究活动中，只有经过分析的材料，才是证据，才能佐证观点。否则，就有可能出现"攻其一点不及其余"，出现以偏概全的结果。

一些调查研究活动结论先行，抽象地谈立场，完全不顾及现实经验的复杂性，这些调查不但不可能给决策做参考，还可能误导决策。

一个好的调查研究，往往不在于数据有多全面，调查时间有多长，报告有多完整，而在于它能够给予人启发，发现一些被屏蔽的现象。我们通常说，"发现问题比解决问题重要"，这便是调查研究活动的真正意义。很多调查研究活动，带着课题、带着预设下去，甚至调查研究的规程和日程都做了严格规定，调查研究成了一个规定动作，调查者成了收集资料的资料员，研究者也仅仅是数据分析师，被调查者也没有任何参与感，调查研究就成了一件消极无为的活动，而完全不具有创造性活动的特征。这种调查研究，花费再多的人力物力财力，倾注再多的心血，也不可能有好的发现，顶多就是为既有的结论背书。

如何才能做一个好的调查研究呢？笔者认为，这取决于调查者的经验质感。所谓经验质感，指的是调查者对研究对象和"田野"现场的直观感受，对研究问题的敏锐反应，透过现象看本质的能力。有些学者基于丰富的人生阅历，已经对亲身经历有深刻反思，就很容易产生经验质感。但对于大多数学者而言，质感并非天生所有，而是要长期训练。在社会学、人类学等学科领域，对专业研究者都有明确的田野训练周期。比如，人类学要对田野至少有一年的参与式观察，为此还需要学习当地的语言，熟知当地习俗、文化和其他社会活动。如此，对相关问题的理解，就很容易形成"在地化"的内部视角。社会学做调查研究，也需要对不同类型田野调查点的长期调查，由此才能实现对社会问题的敏锐把握，且这一把握不因局限于个案而判断失误。

事实上，领导干部的调查研究同样如此。领导干部如果长期在一个业务领域工作，随着工作经验的积累，以及对业务问题的长期钻研，就会成为某个业务领域的专家。这些干部如果到基层去调研，哪怕第一眼看到基层实践，也大致可以观察出现象背后的本质。但很多领导干部，哪怕长期研究一个业务领域，但长期不接触经验，只是在政策和文字领域打转，就有可能形成自我封闭。我见过一些领导干部，长期在政策部门工作，对政策条款极其熟悉，但并不了解也不关心政策实践，只要基层实践出问题，本能反应就是基层不执行或政策有漏洞，解决问题的思路也是不断地升级和完善政策。长此以往，这一类型的领导干部的思维就变得尤其僵化，在基层看来就是不接地气。

当前，无论是学术界还是政策界，都极其需要有经验质感的从业者。一方面，无论是学术界还是政策界，都存在"三门"问题。从业者从家门到校门再到机关门，缺乏社会经验的历练。甚至于，很多青年学者和青年干部并没有完成真正的社会化，社会知识贫乏，在调查研究的过程中，就无法理解调查对象的所作所为，更无法驾驭调查现场。有些领导干部在调查过程中，习惯以上级领导的身份去"质问"被调查对象，无意去理解基层的困惑和无奈，人为制造紧张感和疏离感，完全不懂得尊重自己的访谈对象——而他们在某种意义上，本应是调查者的老师——这种调查当然就不可能获得有效信息。

另一方面，当前的学术界和政策界都高度专业化，都习惯于用一套特殊的术语来理解经验世界。各个专业都有自己的专业概念、理论体系和论证逻辑，人们获得了专业知识，却很可能因此而限制了思维，切割了经验的完整性。公文已经高度概念化和程式化，本应生动活泼的调查报告和讲话稿，也越来越倾向于采用正式文稿的形式，呈现出极其僵化的"党八股"特征。凡此种种，都导致从业者习惯于用"大词"想问题，连对经验的朴素理解都做不到。

如果说，过去我们的领导干部文化水平相对比较低，专业训练还不够，容易出现朴素经验主义的毛病的话，现如今，我们的领导干部普遍都有高学历，都受过良好的专业训练，最容易出现的问题是抽象经验主义。也因此，做一个有质感的调查研究，其实是为了创造一个生动活泼的学风和文风，这将极大程度上减少官僚主义、形式主义的侵害。

如何"大兴调查研究"？一是简化调研方法。除了一些大型的、特殊领域的调查，一般的调查研究主要用实地观察和访谈法即可。这两个方法，技术上没什么门槛，就看用不用心。要是用心，和基层干部群众交心交朋友，他们会跟领导说实话。并且，基层多的是聪明人，也可以帮忙分析问题。实地观察很重要，一定要到现场，办公室座谈会是不够的。当然，有些现场是经过布置的，也别过问，布置了的现场也是现场，也很能说明问题。再挑几个没有布置过的现场去看看就行。

二是别把调查搞成活动。调查的核心是态度，不是方法。从党委政府层面，调查要分配任务，选取专题，这个可以。但从某项具体调查的开展来说，不能搞成活动。调查是特别简单的事情，下去就行了。领导如果真想调查，现在交通都方便，找个熟人也不难。别让基层搞接待，别给他们布置任务，他们挺烦的。"四不两直"是挺好的，但搞突然袭击也没必要。到了现场，谁在谁汇报，遇到什么就是什么。主要是，要和基层明事理的人聊聊。一般而言，主要领导肯定了解情况，分管领导也懂。三两个人谈一谈就好，人多了，搞座谈的效果就差。别让人准备，不需要稿子，聊到哪里算哪里。

调查的核心不是数据和资料，而是围绕数据和资料的讨论，得了解基层的真实看法。简单说来，在调查研究中，领导只是调查员和研究员，平等交流，探讨问题，把调查搞成问题解析会和学术讨论会最好。

三是亲自调查、亲自写调查报告。最怕的是，领导带着几个助手，浩浩荡荡的，领导只是出个面，事情都让助手去弄。这个搞法挺无聊的。助手只是助手，不能代替领导的工作。领导的思想、想法和经验，都比较丰富，自己弄，确实是对工作有帮助。一篇报告，几千字可以，几万字也行，关键是要把自己的思考写出来。说到底，调查的过程也就是研究过程。

四是调查不是工作检查，而是在做研究。基层最怕的是，领导一调查，把真实情况了解了，反过来说基层的不是。这没必要。就笔者长期的调查经验，基层有问题的情况不多，即便有，也可以具体问题具体分析。调查服务于问题的解决，而不是解决提问题的人。我觉得，领导干部还是要有几个基层朋友，他们会提供不一样的视角。领导有什么疑惑，对情况不了解的时候，随时能够和基层的人电话联系，探讨基层实际，这是最好的。

五是调查研究不要依赖于专门机构。有些层级和有关部门都有专门的调查研究机构，但他们的主要工作很大程度上已经异化为替领导写稿了。领导干部的调查研究最好别依赖于这些部门。如果要一劳永逸解决调查研究的问题，那就让这些机构回归原来的职能定位，专司调查研究工作，为决策提供咨询，为领导充当参谋，而不是成为秘书。

六是大兴调查研究要反对形式主义。过去一些年，基层到处充斥着官僚主义、形式主义，中央几次发文，似乎也没彻底解决。如果通过大兴调查研究，改改过去一些年的不良风气，让领导干部更接地气一些，也算大功一件。

七是比照党内经典文献写调查报告。很多党的第一代领导同志都有好的调查报告，这些报告未必有多复杂，看上去也很"土"，没有学院派的条条框框，但学术质量却是顶尖的。说这些调查报告是社会学调查的经典范本，一点都不为过。立意高远、文风直白、田野灵感，鼓励每个领导干部有自己的风格，千万别又搞出千篇一律的公文体。

八是调查研究要回应基层的呼声。基层反映的问题，有些是政策不科学导致的，有些则是基层认识不够、工作不扎实导致的。有些是历史遗留问题，有些是新问题新情况，要区别看待。笔者认为，领导干部还是要跳脱自己的视野，多接触一下烟火气。很多社会问题，政府都未必关心，甚至也不是政府职责，但了解了解，有利于决策。

九是百花齐放、百家争鸣。调查研究的基本原则是实事求是，但没有人能保证自己的调查就是最客观真实的。所以，百花齐放、百家争鸣很重要。我们现在的很多决策，都依赖于政府内部

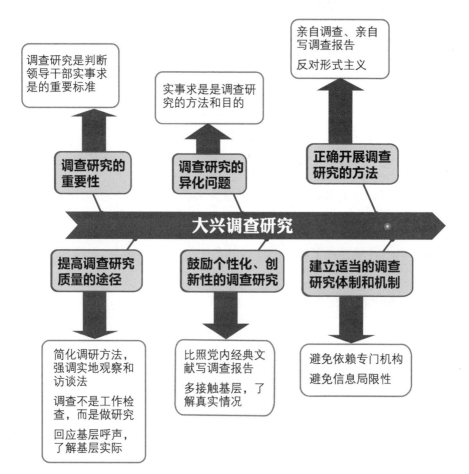

的信息报送系统，还有就是其他机构的信息渠道，公开的深度调查报告，都很稀缺了，这不是什么好现象。领导干部大兴调查研究，那些有调查研究职责的研究机构、媒体等，更应该有扎实调查。我们现在的信息领域，充斥着各种经验创新的吹捧，也充斥着修辞堆砌，充斥着假大空，连中文领域的人工智能软件都学会了套话和废话连篇的官样文章，这个现象还是早点改变为好。

02

以自己为方法

调查员是主体，不是工具。

1. 调查研究的公共性

很多从事调查研究的工作者，经验思维其实是不够的。在学术界，调查研究要么是一个体力活，要么变成一个智力游戏。社会调查研究其实是连接经验与理论，更好地理解社会的一项工作，是有具体目标的。

（1）与社会共振

社会调查研究的首要目标是理解社会，与社会共振。

理论说白了就是经验的抽象，没有经验，就无法理解理论。哪怕是哲学，也是回应时代命题的，是可以还原为经验的。社会科学本质上是经验科学，在其理论和概念还原为现场经验现象的时候，我们得有警惕。

如果一个概念内涵外延不清晰、很泛滥，对这个概念的理解要通过多个次级概念来理解，那么，这个概念就死了。其实，好的概念是当我们看到它时，就可以想到某个经验场景，根本不用解释，读者立马就懂了。

比如"内卷"这个概念：中文的"内卷"是一个特别好的词，但是它在 10 年前可能不是一个好词。当时，格尔兹、黄宗智、杜赞奇等人使用内卷和内卷化概念的时候，要理解起来并不容易，哪怕这个词的内涵外延都界定清楚了，也不好理解。

但是，我们在今天来理解内卷就特别容易，连非学术领域的普通读者都很容易理解。原因在于，到处都是内卷所指涉的经验场景。我们每一个人都在卷，公司在 996 卷，政府机构在形式主义卷，骑手在拼命"抢道"卷，大学生在拼命刷分卷。连小朋友都知道，内卷就是把一件简单的事情搞复杂，最终的目标就是评高一点的分，但其能力并没有增长。

所以，一个好的概念跟现实社会之间是共振的，好的概念来自经验现象，体现了经验思维。我们用内卷这个词去理解教育、职场、官场里的诸多现象，就特别有解释力，它甚至还透视了底层社会逻辑。

2020 年《人物》有一篇非常好的新闻报道——《外卖骑手，困在系统里》，这差不多是一个经典的社会学调查报告了。这篇报道不单单揭示了外卖骑手的生存处境，还给出了非常好的解释：系统。

社会系统是社会学的传统概念，但是，当我们都习惯于运用各种操作系统，使用各种 App，受各种算法影响的时候，系统就特别容易被理解。不单单是外卖骑手，其实，所有人都困在现代社会编织的"系统"里，大家看了都很容易理解"困在系统"是什么意思，都能够感同身受有所共情，当然也就容易传播开来。

内卷、系统，都是揭示现代社会运行特征中富有想象力的概念，它们在经验世界中是如此直白，乃至于根本就不需要过多提炼，只要选择一个特定的场景呈现出来就行了。假如，我们能够有 100 篇这样的报告，中国社会的底层逻辑也就揭示清楚了。

其实，社会调查一般都有明确的现象，把具有复杂性的现象呈现出来，用一个贴切的概念解释，就算是成功。这个概念未必是新创造的，但只要贴切就有想象力，实现了知识增量。

今天的语言系统已经严重脱离社会的日常，严重脱离经验世界。学术界已经出现了术语泛滥成灾的现象，甚至于，政府公文里也是如此。很多政府公文也喜欢用创新性的词汇，基层干部要看懂文件都不容易。术语是社会专业化的表现，也是在制造阅读和理解的门槛。

其实，经验研究最应该做的是回归常识，在具体场景里面去理解经验世界。所以，我们可以用术语，但是这个术语应该是能够连接生活的词。只有能够与社会共振的术语，才有生命力。

（2）理论还原

社会调查的第二个目标是理论还原。

在传统社会，大部分人就在生活里学习社会经验，由于只是在地方社会生活，因此也只需要地方性知识。每一个国家、每一个地方都有它自成一体的文化模式和生活方式，我们通过自身的体验就可以习得，用口口相传、长辈的教育就可以学习。但我们理解当今社会，是用一整套的专业术语和概念体系连接起来的，我们学习社会经验，很大程度上就是依靠文字、依靠专业术语，而不是在生活中学习。如果我们仅仅习得地方性知识，就没有办法社会化，没有办法适应现代社会。

某种意义上，在全球化时代，我们每个人都是地球公民，地方性知识是不够的，需要靠专业知识去理解由诸多"地方"构成的"抽象社会"，否则我们根本无法理解这个世界。现如今，年轻人在互联网世界创造很多流行语言，我们看不懂——很可能是因为我们还主导着这个世界，互联网世界还是一个"地方"，所以我们可以不屑一顾。但过不了多久，我们自己可能就是被淘汰的那一群"老年人"，完全不了解新社会的规范。

这就预示我们，哪怕是专业术语，在某时某地虽然具有普遍性，但随着社会迭代，也可能会沦落为地方性知识。

内卷、系统等概念刚刚被创造出来的时候，反而不如现在有生命力，但并不是说这些概念没有想象力，它们确实揭示了现代性的一些基本因素，所以，当信息化发展到一定程度后，一种比工业文明更具现代性色彩的社会形态出现时，这些概念反而被激活了。因此，理论是可以还原的，当术语所指涉的社会现象变成普遍的社会事实时，我们用生活常识就可以理解。现如今，内卷和系统到底是一个学术概念，还是日常用语？这已经很难区分了。

在社会调查研究工作中，要把理论还原成经验，除了经验世界本身的发展让理论自然贴近现实外，关键还是研究者得有还原能力。

比如，早期内卷这个概念引入中文学术界的时候，我们要理解这个词的内涵，还真不容易。如果不是经过专门的调查研究，如对农业发展和乡村治理有一定的调查经验，其实是不容易理解的。但只要有一定的调查经验，这些概念就可以还原为经验场景。

其实，理论工作是有终点的。很多人都以为，建立概念丛、构建理论体系是理论工作的最高境界。一个学者，如果发明的术语越多，理论体系越庞大，水平就越高。但实际上，真正的理论工作其实是解释真实世界。我们的大多数工作其实不是提炼理论，而是还原理论，让理论和经验完美匹配，乃至于连普通读者都没有阅读门槛。当术语和日常词汇合二为一时，理论工作就到了终点。

这么说来，理论大师的最高境界是没有贡献一个术语，却解释了复杂的经验世界。

（3）政策认知

第三个调查目标是政策认知。

其实，政策认知是一个高标准目标，并不是一个低标准要求。在学术界，人们评价某个学者的研究水平，说某个人是做理论研究的，往往会肃然起敬；说某个人是做经验研究的，往往就假装不知；说某个人是做政策研究的，似乎就有点贬低。

但实际上，理论和经验、政策，其实是分不开的。如果从实践认知的规律出发，其实政策研究是最高阶的研究。如果没有对理论有深度把握，对经验的复杂性有深刻认识，怎么能够研究政策？

真正的政策研究往往是建立在高超的理论研究和丰富的经验质感基础之上的。反过来，大多数脱离了经验的理论研究，其实差不多是学术史研究，只是做了文献述评的工作，未必实现了经验的抽象，也回不到实践认知中去。

在社会科学史上，很多理论大家都可以说是经验质感超级丰富、介入政策极为积极的作家。学术的公共性表现在哪里？主要是服务于实践认知和改造。

政策问题本质上是经验问题，当然也是理论问题，什么意思呢？政策实践是有经验基础的。一个政策，它要解决什么问题，决策执行要处理哪些关系，政策相关利益群体如何反应，如何评估政策效果，如何看待政策实践带来的意外后果？这些都要求研究者有非常强的经验把握能力。没有经验思维，我们连政策文本都看不懂。

政策文件不好懂，原因有两个：一是因为术语泛滥，故意制造阅读和理解门槛。这些年，"文件政治"里出现的形式主义问题，是一个普遍现象。现在的官方文件也喜欢用各种术语，无论是政治语言，还是行政语言，都在大量借用很多似是而非的学术概念。但这些学术概念其实有特定的理论谱系，也有特定的指向，一旦引入政策文件，就很混乱。

二是我们的经验感知能力有限。哪怕是专家学者，对现实世界的理解也非常有限，没有办法把这些政策语言还原成经验现场，也就不可能去理解政策文本的"前台"与"后台"。

所以，实践认知首先要有经验思维，知道现实世界发生了什么。比如，为什么党内要搞大兴调查研究？很重要的原因之一是增强领导干部的实践认知能力。

其实，领导干部也未必懂政策。大多数领导干部只承担科层制里的一小部分工作，他可能了解他负责的那一块工作，对自己参与制定的文件熟悉，知道文件出台的背景和目的，也懂某个具体政策文本的内涵。但是，这个文件发出以后，基层如何反应，各方面的利益相关者如何行动，他们未必清楚。

哪怕有人给出反馈，但如何还原出政策实践的真实逻辑，决策者也未必清楚。比如，很多政策，看起来都正确无比，为什么会有意外后果？这需要有政策科学的分析，也需要有经验质感，这其实是要专门训练的。一个决策者，如果只懂制定政策，从文本上梳理清楚，却从来不去思考政策实践的复杂逻辑，那就容易陷入"自以为掌握真理"的幻象之中。一个执行者，如果只懂按照文本规定机械执行，从来不去研究政策文本背后的诉求，也就很难结合实际创造性执行。

此外，政治和行政之间的转化问题，如果没有一定的政治认知，其实是很难理解政策的。我们国家的性质决定了政策议程的设置，往往源自政治实践。很多具体政策，都是有中央文件做依据的，或者说，这些政策本来就是为了落实党中央的战略部署的。但是，中央的政治性文件是政治语言，甚至是一个非常抽象的原则性的概括，而政策文件一般用的是政策语言，是要有可操作性的。

这中间其实隔了十万八千里。就好比说党的十九大提出了乡村振兴的战略部署，国务院及其组成部门就得把战略变成规划和政策，全国人大就要将该战略部署变成法律。由此，乡村振兴目标具体化为各项指标，和指标配套的是实施的时间表和路线图，然后国家就得配套有关的资源。

几乎每一个指标都涉及决策者和执行者之间的关系，也都涉及巨量的治理资源。这些指标有没有可行性，能不能调动地方积极性？尽管不同指标由不同的部门掌握，但指标体系是一个"体系"，当然也就涉及条块结合。最重要的是，这些指标落实到基层，最终体现为什么？这些都需要调查研究。

比方说人居环境治理的指标体系，跟村庄人口结构、地方经济发展、集体行动能力、文化习俗、居住结构有什么关系？如果居住集中，投入就少一点。一个老年人多、年轻人少的地方，和老年人少、年轻人多的地方，需求不一样，政策实施肯定不是一回事。

在"厕所革命"实施过程中，有些地方机械执行上级指标体系规定的方案，结果出了很多问题。比如，很多村庄基本上都是留守老年人，传统厕所的建造和其生活习惯、农业生产等都是密切相关的，其实也和当地的气候有关。结果，非要改成城市一样的厕所，很多农民就不适应，因为缺水、冰冻等原因，有些厕所改了反而用不了，给群众带来了极大麻烦。

所有政策落地，最后都有相应的场景，这个场景往往是很多要素构成的生活系统，牵一发动全身。通常而言，由于相距太远，很多政策制定者是没有办法建构执行场景的。过去，政策之所以可执行，是因为政策制定和执行是分权的，执行者是有场景感的，他们可以因地制宜执行政策。但当前，政策制定者的控制权越来越强，对政策执行的过程和结果都有严格控制，基层的场景感没办法反馈给决策层，问题就比较麻烦。

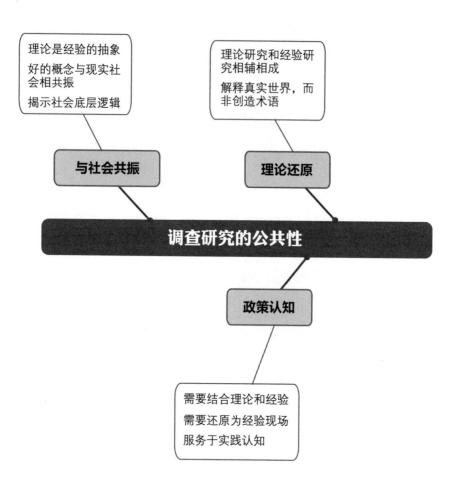

每个人都可以从自己的位置和角度提出政策问题的关键要素，但这种认识建立在对具体场景的认知基础之上。所有调查研究都不应该抽离具体场景，如果调查研究没有时空条件，那就会陷入空对空的境地里去。

2. 集体调查的实施

（1）个人准备

经验研究作品，有质感和没有质感，是两码事。有些作品只呈现资料，哪怕是呈现地很清楚，但看了没有任何感觉，这只能说是不差的作品。有些作品，不仅把资料呈现清楚，还给予人启发，让人们形成新认识，这是非常好的作品。

甚至于，很多作品都不需要刻意呈现成什么样子，但通过某个现象，做富有启发的阐释，也可以成为经典作品。在中国社会学界，笔记体写作是有传统的，费孝通先生的《乡土中国》就是典型，贺雪峰教授的《新乡土中国》和杨华教授的《县乡中国》，都是非常出色的作品。

好的文本往往倾注了创作者的经验质感，他们把自己对社会的独到认识，通过具体文本呈现出来了。比如，国内有非常多的优秀的纪录片，这些文本甚至比人类学和社会学调查还要深刻一些。其实，纪录片本质上也是调查报告，只不过，其呈现的方式是影像，而不是文字。在中国做纪录片，就如在中国做田野调查，有其特殊的社会场景，是没有标准的操作规程的。但这些纪录片的从业者，通过多年的自我摸索，竟然就做出了高质量的影片。

从笔者的观察来看，好的纪录片之所以非常好，并不主要是选题问题，最关键是其目标也是在理解中国社会。而今天的中国社会又处于巨变之中，现实要比戏剧精彩，纪录片有了戏剧冲突，当然就容易把社会的底层逻辑呈现出来。

好的纪录片要有非常扎实的田野调查，也要解决入场、在场和退场的问题。并且，由于它是通过影像来记录的，对田野的要求就更高，创作者的现场把控能力就得超强。今天，我们很多地方都已经够开放，有几个陌生的做社会调查的人员活动，已经不太影响现场。但大部分地方，如果有几架摄像机对着，现场还是会有影响的。

笔者认为，一个好的调查研究，不仅可以获得某个好文本，还可以训练调查者，帮助其完成社会化。当前的社会，已经越来越缺乏社会化机制了，大家都是从校门到校门，很少参与社会事务。因此，我们初去田野调查，很可能都不知道怎么跟人打交道，面对一些场景也可能不知所措。

在一个个体化的社会里做社会调查，本来就是一件富有挑战性的工作。今天我们做社会调查，跟以前做社会调查还真是两码事。过去我们在理论上假设调查者是一个成年人，调查就是进入另外一个成年人的世界。但今天的局面是，调查者可能是一个未完成社会化的人，却要搞懂成年人的世界。所以，社会调查的前提是把自己变成成年人，理解生活世界。

比如，当我们是社会"小白"的时候，根本就理解不了别人的潜台词。有些人喜欢客气，那就是一个"仪式"，其实并不是真对你有什么承诺。但有些人客气，那是真客气，真对你有承诺。这些情况，既考验自己的社会经验，也考验对地方文化的理解。所以，社会调查是社会化和理解田野的双向过程。

在这个意义上，对于初学者来说，社会调查的组织首先是在心态上确认，自己是准备向田野学习了。

（2）调查组织的要件

一是以小组为单位开展集体调查。

一般来讲，初学者的调查，最好有调查小组作为支持。

调查小组之所以重要，首先是解决社会化的问题。一个未完全社会化的人去开展社会调查，与其说是研究社会，还不如说是理解社会、自我成长。其实，调查小组一成立，就意味着调查的开始。比如，成立一个调查小组的微信群，很多初学者都不加带队老师和师兄师姐的微信，加微信也不打招呼，这其实就是没有社会化的体现。在田野现场，小组成员之间怎么协调，遵守纪律，相互理解，都是社会课。当然，在访谈过程中，如何获得别人的信任，大家相互配合，也很是微妙。应该说，这些问题看似琐碎，却很是普遍，也很能说明一些问题。

其次，以调查小组为单位开展集体调查，有利于形成多元化认知的碰撞。每一个人都是独特的，生活体验、知识结构和思维方式的特点不一样，大家在田野现场相互激发，碰撞火花，就特别好。

社会学的"田野"是无需独享的，多个人在一起开展现场调查、研讨，是非常高效的学术工作。

二是形成合理的调查周期。在集体调查中，以周为单位是比较合适的，基本上一周就是一个阶段，每一周都会进入不同的调查状态。

为什么一周左右是一个调查周期，是不是有科学依据，我们不太清楚。但从实践中看，确实有这么一个规律。

一般而言，一周以内，基本上可以把调查地的基本概况搞清楚，对当地的社会结构和社会性质，以及一些突出的事件，有总体把握。两周的时间，会有比较深刻的认识，对第一周形成的总体认识，会有一些学理上说得通、经验上也符合实际的解释。到第三周的时候，就有点通透的感觉，调查者会觉得对调查地点有深入把握，调查地点任何一个新发生的事件，调查者都可以在脑海中形成合理判断。调查时间更长的话，那就会慢慢成为地方社会的"熟人"，直到调查者和地方社会融为一体。

以周为单位产生调查效果，是建立在高密度访谈基础之上的。一般情况下，每天的工作时间是三个单元，上午访谈四个小时，下午访谈四个小时，晚上讨论四个小时，这可以保证足够多的信息量，也让调查者完全进入田野现场中去，尽力排除干扰。

高密度访谈、高强度讨论，主要目的是要在最大程度上占有和理解信息，在此基础上达到经验的饱和度。当我们对调查地方的所有事情都有了理解，形成了自己的观点和判断，新出现的事件也可以在既有的逻辑判断中获得解释时，这差不多就达到了饱和状态。

对于以体验为基础的田野作业来说，要达到经验的饱和，可能不是以周为计算单位，而是以月、以年为单位。但对于以访谈为基础的田野调查来说，每一天都很重要，最好每天都有高质量的报告人，这样才能在短时间内获得充足的经验认知。

三是保持"在场"状态。"在场"意味着被访谈者是主场，访谈者是客场，在访谈者身份比较强势的情况下，这种主客关系会比较平等。

调查者在村里调查，却住在县城，还把访谈对象都拉到宾馆里面去访谈，这种调查效果就特别差，信息至少要损失掉一半。"现场"是不可代替的。在现场访谈，其实也包含了体验。但体验的前提是身体在场，"在场"并不是说要刻意去观察什么，其实就是自然而然的过程。

笔者在田野调查的时候，从来都没有刻意去观察。但是，在场本身可以解决非常多的问题。比方说，它可以解决跟被访谈者之间的信任问题，因为我们在场了，到了被访谈者的"主场"，有点"登门拜访"的意思，这种微妙的感觉，人之常情，都可以体会得到。

假设访谈者住在宾馆里面，把人叫到宾馆里访谈，那对方是一个"登门拜访"姿态，别人会觉得是来汇报工作的，访谈者与被访谈者之间的不对称关系会更加严重，平等和信任关系就很难建立。

"在场"也解决了信息失真的问题。怎样判断信息的真实与否？最好的办法就是"在场"。现场信息是很难失真的，哪怕第一个报告人的信息是失真的，但还有第二个、第三个报告人。并且，如果访谈者在一段时间内都保持"在场"状态，和被访谈者不是一次两次接触，别人也不太可能说假话，最多是回避问题。

"在场"的作假成本是非常之高的，刻意作假都是给那些走马观花调研的人准备的。比如，领导来视察，做一个展板，做一个情况介绍，布置好的现场走一遍，资料一收集，看完就走了。领导也没有办法在现场通过其他信息相互印证，"杀个回马枪"也不地道。

但是，领导如果正儿八经在一个地方"蹲点"，哪怕是三五天也可以，那么，信息失真的情况也会大大减少。只不过，现在的领导太忙，"蹲点"的可能性比较小。所以，信息的失真问题不是一个技术问题。

村庄调查是比较容易做到在场状态的，因为，村庄调查的信息来源非常多，获取信息也方便。社区调查大致也可以做到，因为社区也是一个生活共同体，不同人有不同的利益和立场，对同一件事有不同的理解，是可以相互印证的。机构调查要稍微麻烦一点，因为机构是高度科层化，信息都是经过处理的，这就得用一些技巧和方法。

"在场"说到底是解决了理论跟经验来回穿梭的问题。理论和经验的穿梭就在经验现场里，我们只有"在场"，理论才容易还原成经验，经验才比较容易提炼为理论，大家才能不断讨论。如果大家都不在场，我们用某个术语来解释具体事件，解释半天可能都解释不清楚。但是，大家都在现场，并且有具体场景，不需要刻意解释，我们也清楚，所以，现场的信息沟通成本最低。只有在场，调查小组才是有意义的。如果没有现场的配合，信息就没办法交叉，也很难激发讨论，集体调查的意义也不大。

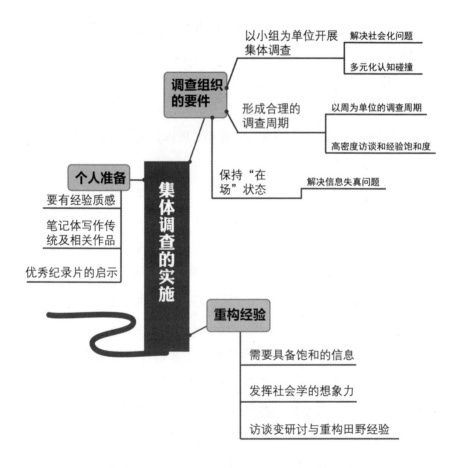

以小组为单位开展集体调查
　　解决社会化问题
　　多元化认知碰撞

调查组织的要件

形成合理的调查周期
　　以周为单位的调查周期
　　高密度访谈和经验饱和度

个人准备
　　要有经验质感
　　笔记体写作传统及相关作品
　　优秀纪录片的启示

保持"在场"状态
　　解决信息失真问题

集体调查的实施

重构经验
　　需要具备饱和的信息
　　发挥社会学的想象力
　　访谈变研讨与重构田野经验

（3）重构经验

田野调查很重要的一点是重构经验。"现场"并不是一个纯粹客观的存在，而是调查者通过理解各种事件，重新构筑出来的经验事实。重构经验是建立在饱和信息基础之上的，如果只有很简单的信息，就没办法建立现象之间的联系，连讨论都没办法讨论，更谈不上重构。

重构经验可以发挥社会学的想象力。我们在经验现场里面提问题，就可以提取某些重要问题的关键要素，在现场里实现复杂演绎。重构经验也意味着实践经验思维。田野调查肯定是经验本位的，在现场里讨论的问题，再抽象也是具体的。

其实调查并不是一件非常需要技巧的工作，它也不需要有很多的方法。社会调查，本质就是人和人打交道。作为一个调查者，我们得习惯用普通人的心态和被访谈者交流。如果说和普通人交往有什么不同，那就是要有好奇心，我们愿意去理解别人的世界，对任何新现象都想去理解。

调查要以普通人的心态去跟受访者平等交流。最好的访谈是把访谈变成研讨，我们是学者也好，学生也罢，或者说就是一个无名小卒，共同点就是非常想理解被访谈者，了解其工作生活，理解其对社会问题的看法。在访谈过程中不断请教，不断探讨，自然而然就进入了别人的经验世界，就重构了田野经验。

社会调查说到底是实践的产物，别人总结的方法技巧，只能做一个导引，没办法模仿。所以，调查研究工作是要丢掉方法技巧这一"拐杖"。田野并不是一个做过切割和修饰的盆景，方便我们去解剖。事实上，我们得自己去发现和重构经验。

3. 进入经验世界

（1）实地调查

实地研究是非常好的调查研究方法，它的构成要素，包括现场、身体在场、体验等，在社会调查中都具有非常关键的作用。实地调查中所采用的观察、座谈、访谈等方法，共同基础都是同情性，调查者要同情性地去理解调查对象、地方情境，进入地方生活世界。调查者只有同情性理解以后，才能跳出来，从"外人"的角度客观看待社会现象。

在实地调查过程中，我们要把所看到的问题当成一个社会事实来看，我们去认识它，虽然也涉及评判，但这不是调查现场要解决的。哪怕是遇到我们"看不惯"的现象，我们也得尝试去理解（但未必是支持）。评判是研究的结果，但调查研究过程主要是呈现和解释。

社会学是有批判性的，它和田野调查中的价值无涉并不矛盾。批判是呈现和解释后的自然结果，无需刻意。不是批判当事人，而是批判一种普遍的社会事实，要把自己的研究对象和一种普遍的社会现象区别开来。唯有如此，我们的田野工作才能深入进去。

实地调查的关键是同情与理解别人的生活世界，保持价值中立，怎么样理解呢？其实，价值中立最核心的一点就是在调查研究过程中保持客观性，但调查结果的运用是有价值判断的。

（2）饱和训练

田野调查就是饱和训练，什么意思？一是信息饱和。调查信息量不够，是不可能成功的。因为信息不够，就没有办法在经验内部建立复杂联系，经验的饱满形象就没办法呈现出来。

在这个意义上，田野调查中，要慎重使用结构化访谈。结构访谈只能收集基本信息，比如调查一个村庄，土地、人口、户数等，这是非常标准化的信息，人地之间的关系分析也是很确定的，可以做结构化访谈。但深度访谈的核心是对信息的分析、讨论、解释，结构化访谈反而会影响访谈的深度。

有的调查提纲，问题都是主观性问题，如对某某政策有什么看法、满不满意等，如果是田野调查，就不是很合适，没有什么必要。别人回答满意，或是不满意，都是有具体情境的，如果这个情境掌握不了，答案也就没有什么意义。在访谈过程中，真正要了解的是被访谈者对其提供的客观信息的看法，以及这些看法的结构性的因素。我们得跟他对话，从中理解其所讲的"道理"，这种信息才是丰满的。

但是，如果是抽样调查，有大规模的数据，那是有意义的，它至少能够说明特定人群对某个政策的倾向性，也可以通过相关分析，做一定的研究，这对宏观上掌握政策非常有帮助。

从信息饱和的角度看，走马观花式的调查对有些人适用，对大多数人不适用。对非常有经验的调查者来说，他对某个领域特别了解，看到一点信息，可以联想出相关的非常多的信息。这种调查者有现象还原能力，走马观花的调查是有用的。比如，费孝通先生晚年的"行行重行行"，每到一个地方调查就是三两天时间，但他是不断看、不断思考，问题非常聚焦，尽管每次调查的信息都是分散和碎片化的，但他每次调查都会联系别的地方的信息，它们结合起来就是一个系统，信息其实也是饱和的。

信息饱和度是饱和调查的前提。我们到一个地方调查，总得有个把星期，或更长时间。这并不是说信息饱和度是由时间决定的，而是说有这么长的时间才有充分的工作饱和度，才能收集足够的信息。

在华中村治研究团队，每个博士生在毕业之前，要做十个省份的田野调查，有三百天以上的驻村时间。这对于那些三两天一个地方的田野调查来说，是深度调查，但对于人类学的田野作业来说，可能也算走马观花。但有一点是相通的，有了这么多的调查点，自然而然会形成联系，建立起整体的质感，信息也是饱和的。

二是认识饱和。对任何调查的问题，得尝试去讨论、理解，讨论到没办法讨论，信息都已经被解释了很多遍和很多个层次，甚至都有可能离题，但最后也拉回来。增加一点信息，就增加一轮讨论，问题剖析得越来越清晰，最后有了充分把握，理解差不多就饱和了。

在粗浅层面，我们每天调查到的信息，每个人都得梳理一遍，按照自己的理解梳理，晚上小组讨论的时候大家可以对照一下。通常情况下，每个人梳理的重点很不一样，理解也有出入，这个时候就可以对照讨论。并且，如果只是有限信息，大概而言大家都不会对信息有什么感觉。没感觉不要紧，先放过，明天再过一遍。或者某天运气特别好，碰到一个很好的报告人，对之前掌握的信息有补充，对某件事情的解释特别生动，就可以展开深入的讨论。

一般而言，只要我们坚持不懈地去理解，每天讨论，最后总可以对某个地方或某个问题有理论认识，能够提纲挈领地把问题解释清楚，却又可以顺畅地将已经掌握的信息建立逻辑关系，呈现细节。饱和理解到了比较深的层次，饱和度够到了"结晶"程度，认识就可以从量变到了质变。

信息的饱和不会自动转化成认识的饱和。从信息到认识，中间有一个过程，而解释往往又建立在充分讨论、不断分析、不断思考的基础之上。尤其是，对现实的理解往往建立在经验积累的基础之上，通过不同现象、不同地方同类现象之间的对话，形成新的认识。

三是形成观点。一般而言，调查成不成功，主要判断标准不是掌握了多少材料，而是有没有形成理性认识，也就是通常所说的"点子"。这些"点子"，既是问题意识，也是核心观点。观点有可能是以概念的形式出现的，也可能是以判断的形式出现的，还可能就是一种朴素认识。很多情况下，我们受理论误导，把某些事情想得特别复杂，但我们经过调查，反复讨论，最后兜了一圈回来，发现事情极其简单，这叫做返璞归真，是调查研究中常见的现象。

在调查中发现了一个新现象，其实也很关键。新现象对研究很重要，很可能是在填补既有知识体系的漏洞。如果我们把新现象纳入研究视野，进入学术认知的环节，那就更加完美。我们对新现象可能也没有非常深的认识，但它可以把我们带入到一个全新的知识领域。

如果我们在调查中发展出了一个新解释，那就更好。虽然某个现象并不新，某个问题以前也关注过，但是以前的理解只是停留在某一个层次，或者只停留在既有认识上，但经过自己调查和研究，我们有了和学界不一样的新认识，这就有可能发展为好"点子"。

当然，我们还真可能在调查过程中有重大理论发现。重大理论发现很可能是源自对某个问题的长期追踪调查和思考，结果到了某个场域，突然之间想通了，把所有相关的现象都联系起来了，其在认识上有较强的逻辑性，这是饱和训练中最好的状态——全新的现象，全新的认识，再加上一个重大的判断，这种调查就近乎完美。

对于长期从事调查研究工作的人来说，指望每次调查都完美，几乎是不可能的，也不符合规律。但只要长期坚持，保持调查和研究的状态，总会有那么几次达到饱和状态。一个好的社会调查者，理论认识是主要载体，经验材料反而是其次。

一个从事调查研究工作的人，没有文本，没有理论发现，就有点说不过去。

（3）以自己为方法

"以自己为方法"是项飙的说法，我觉得很有道理。我们做调查研究工作的都有体会，调查员是主体，不是工具，我们不是为别人做调查，只是服务于我们自己的经验质感的形成，让自己成为认识外在世界的桥梁。

很多做调查研究的人，都热衷于去学分析技术。这些技术是可以用的，可以辅助我们分析资料，但这属于"末"，"本"是自己。只有具备理解能力，对经验有感觉，有分析判断的能力，才能提出好的问题，形成好的观点，做出好的研究。

当我们自己就是"方法"的时候，再用各种分析工具，那也是很好的。这些工具会在最大程度上发挥其功能，帮助呈现经验的复杂性。

但是，当我们自己没有成为"方法"时，我们就是这些分析技术的奴隶，这些分析技术也不可能发挥其功能。

话说回来，"以自己为方法"，用最简陋的最原始的手工技术来处理数据和资料，效果也不差。甚至于，它在大多数时候，都要比用很炫的方法所呈现出来的研究更吸引人——毕竟，研究并不是一个特别需要依赖于工具的工作，它主要还是脑力劳动。

调查研究其实是没有定式的。每个人都有不同的调查风格，研究风格也很不一样，没有特别的技巧和诀窍，初学者都是在模仿过程中慢慢形成自己的理解，通过多调查多写作，不断训练，形成自己的风格。

所以，"以自己为方法"意味着调查研究是鼓励个人风格的。在社会学界，成熟的学者都有自己的学术风格。这是因为，我

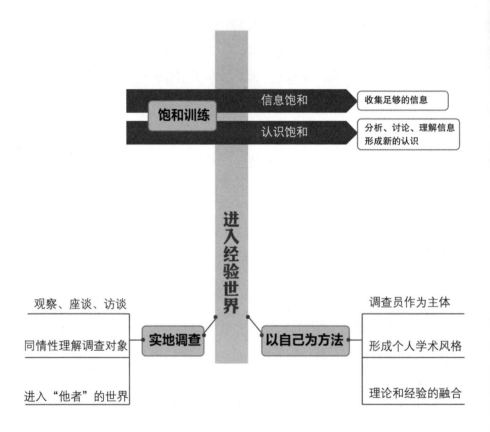

们在饱和经验训练的时候，就强调自己的主体性，"以自己为方法"。我们不仅仅是调查员、数据分析师，形成的报告需要标准化；我们还是研究员，需要投入自己的个性，形成自己的风格。

笔者很欣赏那些有个人风格的学术研究。比如，法学界的苏力，法学论文写得像小说，明明是一篇实证文章，却又不失文学之美。他的学术论文特别有想象力，特别文学化，论证过程中有起承转合，甚至还有类似于"戏剧冲突"的感觉，看得跌宕起伏。史学界的黄宗智，其语言特别精炼，提问题总是大开大合，材料处理刚刚好，文章有气势，这也是一种风格。政治学界的王绍光，差不多是实证研究的典范，问题和数据处理得严丝合缝，论证极其细密。社会学界的贺雪峰，也是独树一帜，文字特别朴实，没有任何修辞，提问题和论证都是单刀直入，文风之直白，农民也看得懂。

他们在学术界确实都是独一无二的，但他们的共同之处都是"以自己为方法"，理论和经验结合得特别好。

实际上，调查研究要做到"以自己为方法"，算是最高境界。我们现在看到的很多经验研究，多少都存在"两张皮"现象，理论跟经验结合得不好，是依靠研究者用各种方法和技巧"套"上去的，形式上是结合了，实质上并没有。但好的研究是从经验里面生发出来，如果训练成功的话，我们是可以形成自己风格的。

在学术界里，有风格的研究其实是很少的。这是因为"风格"是以自己为方法的，"自己"就把理论跟经验融为一体了，立场、观点和方法完全融会贯通了，这是学术的最高境界。

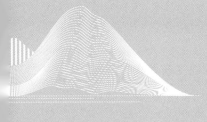

03

以经验为本位

概念是高度抽象的，但现象是极其具体的。

社会科学大都是经验性的学科，其研究建立在调查的基础之上。无论是间接的调查还是直接的调查，都是以经验为本展开理论研究。

1. "问题"的来源

社会调查研究由两个部分构成。一是对经验的抽象，也就是我们通常讲的从实践到理论；二是从理论到经验，这是从实践到理论的前提。两者是同步进行的。任何调查研究活动，都建立在既有的认识基础之上。尤其是我们的问题意识和研究基础，都来自既有理论或已经积累的经验认识。

从论文写作的形式上看，一般是先有问题意识和文献综述，然后再提出证据并展开论证，最后得出结论，但调查研究过程是反过来的。在调查研究的开始，我们需要从调查经验中提炼出一些和既有认知不太一样的内容，或者是跟已经了解的材料有冲突的地方。一般而言，我们是从理论和经验的悖论出发，在经验中提炼出研究问题。

问题的提出其实已经在理论化了。调查研究中的"问题意识"是经过理性认识，且在掌握既有的理论解释、一般性的经验现象的基础上所提出来的亟需解释的问题。简单说来，现象跟问题是有本质差别的。很多调查研究者只是在现象层面开展工作，仅仅把一些特定的或特殊的现象当作研究问题，这就意义不大。真正的问题意识是把现象一般化，并且将调查研究中看到的某类现象和既有认识联系起来，在特定的理论脉络中对其进行解释。

在提出问题的过程中，一方面要把特定的经验现象一般化，转化成理论问题。另一方面还要把既有的理论认识还原成经验。所以调查研究中问题意识的产生，其实是经验抽象和理论还原的双向过程。我们一般认为，研究工作就是把经验抽象成理论。但实际上将理论还原成经验，也是研究工作的有机组成部分。在社会调查研究中，我们要把既有理论认识（如理论、概念、政策、判断）还原为经验现场，变成可以直观感受的经验现象。我们在直觉上认为某个现象需要解释，就是因为我们把已有的认识带入了现场。我们在进入调查研究的田野之前就对某个问题有一种想象，这个想象不是无中生有的，是既有的认知告诉我们的。既有认知可能来源于媒体报道，也可能来源于生活经验，也可能来源于文献阅读。它们未必能提供严密的论证，但一般会形成刻板印象，成为自己的"常识"。这其实也是高度理论化的。

多数人都有特定的知识结构，并由此形成了固定的认知框架。比如，很多人认识世界首先是依靠自己的生活经历，这些经历真实而有力量，会塑造一个人看问题的视角。一些受过严格专业训练的人也很容易形成专业视角，习惯于用特定学科的理论框架看问题。概言之，我们看问题的第一印象，其实都源自背后一整套的认知框架。而经验研究就是要把既有认知还原成经验，跟现场看到的经验现象进行碰撞形成"悖论"，从而生成问题意识，进而开展研究。

有些人的调查感觉特别好，在调查现场很兴奋，有兴趣去了解经验现象，这是很好的状态。这源于调查研究者把习以为常的想象还原到现场里面，与经验世界产生了碰撞，调动了积极性。但很多人下去调研的时候，一脸茫然，觉得他看到的东西太平常了，没什么意思，也没有兴奋感，这是为什么呢？实际上，现场的兴奋感不是来源于调查者的理论水平，也不取决于其体验能力，而是取决于已知的理论认识和经验现象的碰撞。只有在经验内部发生碰撞，才能产生火花。为什么标准的人类学田野作业，一般要到异文化中去？核心的一点就是，研究者要在相异文化中去碰撞出火花。但对于大部分人来讲，异文化只是方便产生火花，却并不必然产生火花。并且对于有经验的调查研究者来说，也不是说一定要在异文化中才能产生火花。只有研究者本人将本文化的认知与现场的异文化现象放在同一个层次之间去展开碰撞，才能产生火花。

在调查研究过程中，最容易出现的问题是"一触即跳"。即研究者看到一个现象的时候，立马就有一个很准确且高大上的完美无缺的理论去解释。这种解释意义不大，解释完之后就结束了，研究者只是找到了一个新的论据而已。对于理论本身而言，其论证是已经存在的，这种解释不过是服务于已知的认知，没有知识增量。而初学者普遍存在一种体验，即碰到某个现象就立马从教科书里找答案。但教科书的知识都是高度凝练的，用教科书的知识去解释复杂的经验现象就会导致一种结果，解释看上去是对的，实际上离题万里。这是为什么？原因在于，这种教科书式的解释是没有意义的。概念是高度抽象的，但现象是极其具体的，它们不在一个解释层次里。"一触即跳"式的解释，省略了理论还原和经验抽象的过程。没有归纳和演绎，也就不可能看到现象背后的本质。所谓社会学的想象力，最重要的恰恰在于在理论和经验之间的连接，它们中的每一个解释环节都很关键。想象力首先来自对经验现象的抽象。比如，我们观察课堂教学，会发现不同教室的空间布局，背后是有权力关系的。在一个传统的以讲授为主要目标的课堂中，老师只能在最中心的位置，否则就不对劲，师生关系就颠倒了，知识传授的权威性可能就体现不出来。今天的大学课堂越来越排斥等级制，阶梯教室就不是很适合，讨论室则很普遍，"中心—边缘"的结构并不是特别固定。这说明，师生关系越来越平等了，教师的知识权力在弱化。

中国农村的区域差异很大，在不同地方调研第一感觉也很不一样。在湖北调研，大家都比较随意，不太讲究"规矩"。比如吃饭的时候不讲究座位，大家可能只知道哪个位置最关键，其他位置就不知道怎么排序了。但要在山东等地方调研，规矩还是比较多，座位排序一清二楚，坐错了就不太好。一个地方讲不讲"规矩"，排不排位序，身份明不明确，其实是一种文化差异。如果把这些现象抽象化了，不同的学科和不同理论解释的角度不一样，讨论的话题也就有差别。而话题必然要跟具体的经验建立联系，绝大多数研究都要建立要素之间的关系。社会科学一般是研究事物之间的因果关系，当然也有其他关系，如功能解释。但无论是功能解释还是因果解释，都要坚持一个基本原则，即涂尔干在《社会学方法准则》里提出的：用一个社会事实去解释另一个

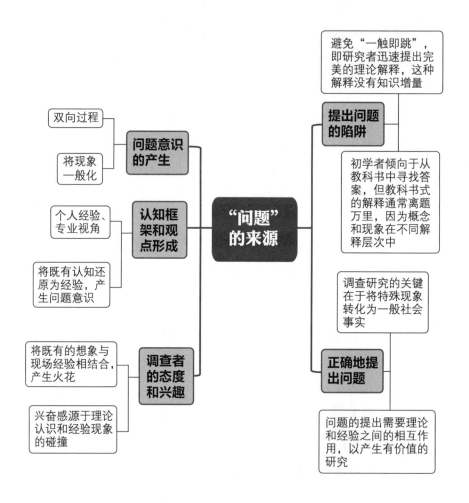

社会事实。比如，阶梯教室和讨论室，背后体现的是两种教育模式。湖北农村不讲"规矩"和山东农村讲"规矩"，也是两种文化模式。它们内部是可以比较的。通过比较和碰撞，从而形成对教育模式或文化模式的理解。如果再抽象一点，它们其实都反映了人类社会的运行模式，这意味着教育模式和文化模式之间其实也是可以建立联系的。

我们即便只做个案研究，也需要建立起要素之间的联系。比如，我们在解释教室空间特征的时候，就潜在地运用到了科层制理论——它本质上也是一种社会事实，是一种现代社会的运行模式。科层制如果要还原成经验现象的话，其实就是办公室隐喻。经典的办公场所，都是科室（办公室）中的位置代表着层级。一般说来，不同的级别，办公室空间在位置、大小、设施等方面都有所差异。抽象来说，我们事实上也是在教室空间和办公室空间之间做了联系。所谓透过现象看本质，"现象"和"本质"的关系，其实就是特殊和一般的关系，是特殊现象和一般经验之间的关系。它们之间是可以勾连、转化的，这是一个双向过程。一方面我们要把现象抽象为可以探讨的一般性"问题"，另一方面也要把一般性"问题"还原为各种"特殊"现象。科层制既然是办公室隐喻，当然就可以还原为各种空间形态。学校、医院、工厂、写字楼、政务大厅、监狱等，都是科层制在空间形态上的具体表现。

同样一个现象，可以抽象成不同的问题，可以在不同的理论脉络里面探讨不同的"命题"。社会调查看上去是一个收集资料的工作，但资料和信息的收集其实不是关键，关键是对信息的理解和加工。只有对现象本身有了理解，才能够正确地提出问题。但是加工又不取决于资料本身的客观性或者其他什么之类的。只有将特殊的现象转化成一般性的社会事实，调查研究才有正确的起点。

2. 调查与研究合二为一

在中文里，调查研究这两个词汇很有意思，可以合并成"调研"一词。其实，调查和研究是两个过程。如果按社会学的科学环来理解，经验观察和概括、理论解释和建构，是社会研究中的不同步骤。经验调查和理论研究是两个阶段，是可以区分的。一般而言，要先调查、收集和整理完资料，才能对资料进行分析，然后再进行理论解释。但在实践中，我们都习惯称呼"调研"，把调查和研究结合在一起，这是有道理的。因为我们在调查过程当中，就得对经验现象进行提炼，就得通过理论的还原把问题意识注入到调查过程中去，所以真正的研究其实在调查时就开始了。研究是前置的过程，一个好的社会调查一定是研究式的调查，调查员就是研究员。

把调查和研究区分开，变成两个阶段，最直接的后果就是调查者成了体力劳动者。很多社会调查项目，就只能是调查项目，而不是研究项目。比如一些大型的数据库，都是在全国各地招募调查员，调查员只是调查员，而不是研究者。甚至于整理资料也是一个体力活，工作人员叫做资料整理员或数据分析师。研究员是专门利用数据资料做理论解释工作的人，其角色可以说是智力

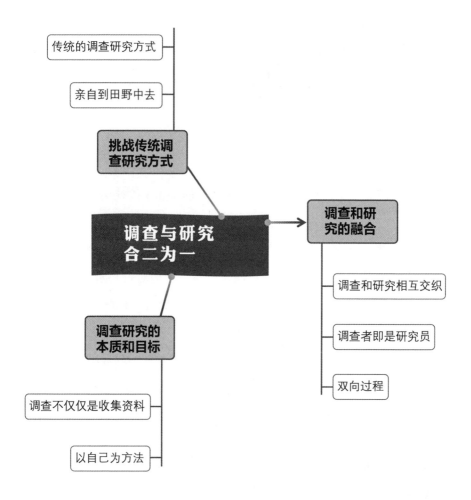

工作者。只不过在大多数情况下，这一类型的研究者，往往也要花费大量精力筛选数据，做一些体力劳动。

如果把调查和研究进行分割，就没有办法形成调查研究的双向过程——在理论和经验之间来回穿梭。第一个穿梭指的是，我们要把现象提炼成一般性的问题；第二个穿梭是要把一般性的问题或者说理论还原成经验现象，两者是同步进行的。很多人做田野调查研究，采用的是定性研究，却也用定量研究的方式开展工作。学生下去收集资料，然后老师来写论文；或者学生先写了调查报告，然后老师加工成论文。这种粗制滥造的做法，做出来的很可能是假研究。因为研究者没有在经验现场，没有完成理论和经验之间的双向循环，这个田野就是假田野。学生从田野里总结出来的经验，老师没有办法还原成具体现象，也不可能上升为有解释力的理论。最关键的是，研究者不到田野中去，就很难形成质感，就没有想象力，当然也就不可能有理论阐发。好的经验研究，"质感"不可或缺，但这个东西得依靠饱和经验训练，在理论和经验来回穿梭的过程中反复磨炼才能形成。其实，论文是调查研究的结果，它不是研究本身，论文的写作只是把调查研究的质感、问题和结论表述出来而已。真正的研究应该是在调查过程当中就已经开始了。当然，调查研究的双向过程，可以延续到写作阶段。

如何认识社会调查，定位很重要。简言之，调查本身就是研究。调查要在田野现场建立双向循环，要在理论和经验之间来回穿梭，穿梭得越多，对经验现象的理解就越深，质感也越好。笔者认为，调查的目标除了我们通常理解的收集资料，把某个具体问题了解清楚，进而做一些知识增量的工作之外，最重要的是通过调查研究形成经验质感，具有勾连理论和经验、宏观和微观的社会学想象力。最后，自己就成了研究工具，"人剑合一"。就质性研究而言，最厉害的调查工具不是别的，就是调查者自己，"以自己为方法"。大多数田野里的理论发现，都来自调查现场的灵光一现，是在理论跟经验来回穿梭的过程当中"顿悟"出来的，而不是通过梳理资料、检索文献，在看似科学的论证中发现的。文献梳理和资料的收集整理仅仅是为了更好地论证已有的问题和理论发现。

3. 回到"常识"

所以，如何把自己变成一个富有想象力的研究者呢？比较好的路径就是做田野调查。田野调查可以帮我们建立一种经验性的思维，任何理论，都要回到经验里、回到现场中，在实践中去验证。一方面，我们要避免朴素经验主义。在过去，我们的信息量很有限，尤其是在前互联网时代，个人所能接收到的信息是很有限的，很多人很容易把个体化的、具体的经验当作一般经验。另一方面，也要防止抽象经验主义，避免用大而无当的"大词"去解释具体的经验。尤其是在专业分工越来越细，学科壁垒越来越强的情况下，"大词"和"术语"都是需要警惕的。

经验性思维的形成其实不容易。哪怕是费孝通先生，其田野工作也是很有限的。他就是在早期学习的时候，在广西大瑶山做过民族志调查；然后在去英国留学之前，在苏南"江村"养伤期间做了体验式的观察；再就是在西南联大"魁阁"时期，和学生一起在云南当地做了一些调查。用今天的眼光看，依靠这三个地方的调查经验去描绘中国的社会和文化地图，是非常局限的。这三个地方基本上都属于南方地区，而华北等具有中国经济社会典型特征的"中国腹地"并没有触及，还有像陕西等西北地区这些很有中国文化底蕴的地方，费孝通先生也不是很了解。但费孝通先生的厉害之处在于，他不会有条条框框的认知局限，完全不受学术理论和概念的束缚，而是直接深入经验的内部。《江村经济》这个文本，是在他去留学的途中整理出来的，当时他还没有接受英国人类学严格的学术训练。他在晚年的时候，调查也是"行行重行行"的状态，看上去是在走马观花，但他每到一个地方都对新鲜事物特别感兴趣，边走边看边问边想，各地零碎的经验在脑子里做了加工，就形成了系统认识。

所以，经验性思维的形成不在于调查数量的多少，而在于调查过程中是否真正地进入了经验内部，把"一触即跳"的思维转换过来。对于初学者来说，人类学的民族志训练其实特别好，它强调研究者必须在场，必须进入研究对象的生活逻辑里去，且很注重有一个完整的文本。所有这些，都逼着调查者进入到经验的内部，去把握一个社会的文化模式。标准的民族志作业都有一定的时间要求，一年半载正常，甚至多达几年、十几年乃至几十年。这在时间上就防止了"一触即跳"的出现。

做过社会调查的都知道，调查状态是有"周期律"的。调查第一周会感到兴奋，觉得所有信息都是新的。第二周就觉得特别平淡，没意思，很难有新信息。但只要持续坚持"在状态"，第三周就有可能在对问题的理解上产生"质"的飞跃。此后，会有非常多的起起伏伏、峰回路转的时刻。到经验的内部里去，拥有足够多的调查时间是前提。

华中村治研究团队的"村治模式"调查，是一个模拟民族志调查的操作方法。与民族志调查不一样的是，"村治模式"调查一般都是调查小组集体调查。白天调查，晚上讨论，调查时间一般是在两三周的时间内。并且关注重点也有差异，尽管强调整体进入，试图对村庄的政治、经济和文化等各个方面都有理解，但可以有侧重点。集体调查有足够多的信息，并且加入了讨论环节，也能更快地推进调查节奏。故而，它也可以实现"到经验的内部中去"的效果。只不过，"村治模式"调查的潜在危险是，如果调查者不积极，只是被动地"跟着"，很可能浮于表面，进入不了经验世界。

从操作层面上看，我们今天的调查工具和方法论指导是够的，这是好事，也是坏事。好的方面是，我们可以更加快速地掌握信息，便捷地分析和整理信息。坏的方面是，我们太依赖于工具，太依赖于所谓的方法论指导，却恰恰忘了调查者自己才是最重要的方法。

其实，我们理解社会生活最便捷也最充分的方式还是"体验"，通过亲身的体验，产生共情。同情性地理解，比任何方法都重要。比如说，我们有了爱恨情仇，才能发现人际关系的微妙之处；我们经历过生老病死，就会发现社会运转的底层逻辑。比如死亡这件事，如果自己没有遭遇过，其实很难理解其中的复杂内涵。过去几年，笔者体验过病痛和直面死亡时的心态；父亲去世，也真正体会到了生离死别。通常而言，我们很容易把死亡视作一个生命事件，似乎过去了就过去了。但对一个社会来说，死亡其实包含着情感、文化、伦理、经济，它是社会运行的核心机制。一个社会如何面对死亡，人们对死亡有什么样的想象，是社会秩序的基石。

**经验性思维的
形成**

建立经验性思维

警惕术语

**回归生活体验与
理论建构**

回归生活体验

符合生活逻辑

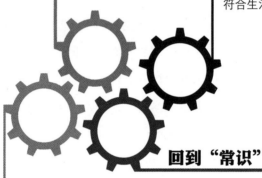

回到"常识"

**经验内部的
理解与理论
解释**

体验

想象力

当每个人都只是把死亡看作一个"事件",一个社会对死亡没有任何敬畏的时候,其实是挺可怕的一件事。前些年,为了推行火葬,有些地方政府和群众"抢棺材",有些地方甚至还把埋下去的尸体挖出来烧了。理由都看似非常充分,"死人不能跟活人争地"。可是,这些"死人"难道不属于"活人"的吗?2022年笔者在家养伤期间,和母亲有一段对话。母亲跟我谈她的身后事,说以后她百年了,最好把骨灰撒在大江大河里。我本能地以为她是接受了生态葬新观念。但又觉得不对劲,搞半天才明白,她其实是担心百年以后如果土葬,长期在外地的子女没时间去记挂她。她担心在地下没吃的,过得可怜。而骨灰撒在大江大河里,万一饿着了,她还有小鱼小虾可以吃。她竟然是这种想法,让我无比震惊,也悲从中来。今天的中国社会,确实是一个巨变的社会,连灵魂安顿都成了一个问题。

所以,进入经验的内部,除了保证调查时间外,更重要的是体验。一方面可以把自己的个体体验转化为学术命题,和调查研究的问题相结合;另一方面也要尽量地和调查对象"共情",站在对方的角度去理解问题。很多社会学的经典作品,都是体验式调查的结果。它们未必有丰富和客观的数据,却通过文本提供了一些富有想象力的议题。费孝通先生的《江村经济》就是其中的典型。用今天的眼光去看,这个文本未必有多高的技巧,就是做了比较细致的资料收集工作,对资料的分析完全遵从于经验的逻辑。如果仅仅止步于此,可能就是一个普通的民族志。但费先生在其中注入了他对中国农村工业化的想象,对正在起步的乡村工业化现象有所解释,这个文本就显得特别丰满且具有想象力。

读者在读《江村经济》的时候，会觉得特别地自然。无论是现象描述，还是问题的讨论，都是自然而然的。这是为什么？很可能是因为作者长期浸淫在这个地方的社会和文化之中，是有"体验"的。很多解释并不是依靠证据论证出来的，纯粹就是依靠直觉、共情"悟"出来的。资料一拿出来，作者就知道其背后的基本逻辑是什么，所以它不会出现逻辑上的漏洞。并且很多经验的细节，确实是只有有过体验的人才容易解释。比如村民之间要交易，一般都会到集市上去。这个细节，在很多地方可能并不存在。但在"江村"这样的既保留了乡土社会的底色，但商品经济又比较发达的地区，却很是一个"问题"。在市场逻辑和乡土逻辑之间，如何避免矛盾？集市的存在给出了很好的解释。人们在集市里发生交易，就是一种对等的买卖关系，也就回避了村庄情境里差序格局的影响。

如果我们只是一个研究者，未必会发现田野中的"细节"，发现了也未必解释得了。但是，这些细节又是如此自然，从当地人的生活实践中去理解并不难。很多研究，看上去论证的逻辑很严密，但你要是将其放在经验场景里面去看，要么不堪一击，要么就是违背常识。经验再复杂，也是自洽的。所以最好的理论解释肯定是回到生活体验里面去，把日常里最自然的逻辑关系呈现出来，那就是比较好的状态了。相反，如果在经验的外围解释，就得依靠建构。有些建构看上去够复杂，也符合形式逻辑，但没有办法还原成生活，到处都是漏洞。只能说，这种经验研究，只是一种智力游戏。回到当地人的常识里面去，这才是进入经验内部的标志。

04

从调查到研究

**调查研究是将经验抽象和理论还原
合二为一的过程。**

理论上，社会调查和研究过程是同步且互相支撑的。但从社会调查研究的具体步骤看，确实存在从调查到研究的转换。我认为，这转换过程包括三个关键要素：经验的重构、问题的提出和论证与呈现。

1. 重构经验

经验重构源自田野调查。大概而言，存在三种形态的田野，各自有不同的重构方式。

（1）"熟悉"的田野

田野训练，体验很重要。而最便捷的田野体验是生活场景对象化。研究者首先是一个普通人，我们在做调查研究的时候，不自觉地会带着情感，有价值取向，也会受生活经验的影响。当我们作为一个普通人和研究对象对话的时候，难免会有主观情绪。

尤其是，大多数学科潜在地包含价值规范，如果没有一点反思性，我们自己被改造了。因此，在调查过程中有价值冲突，其实也是很常见的现象。

这些情绪和价值，是调查研究的起点，也是接地气的起点。但光有起点确实不够，如果仅仅是出于某些情绪和本能去做研究，那可能会背离研究的价值，变为情绪宣泄。

好的调查研究源自自己的生活场景，把个体化的生命体验转化成学术意识，把自己"他者化"。我们保持普通人都有的情感体验，有节制地将自己的体验带入到田野中去，在这个基础上去理解别人。

田野调查的前提是进入别人的生活世界。调查者觉得不正确的价值立场，在调查对象的生活世界里，也许是合理、自洽的。如果我们在别人的生活场景中强行打破我们自以为不正确的东西，那么很可能会制造出更大的问题。

为了避免这种问题，我们首先要把生活场景对象化，把我们自己的生活场景转化成田野。一个好的研究者，可以不断审视自己，把自己作为一个参照物，并尝试去理解研究对象。

"同情性理解"特别重要。其潜在意思是，研究者的生活经验和学术价值，和研究对象的生活经验以及价值观念，并没有高下之分。研究者需要把自己的生活场景对象化，重新去理解它，然后和别人的生活场景比照，进而在两种生活体验中形成碰撞。碰撞本身就是研究问题的来源之一。

生活场景对象化的关键是把熟悉的事物陌生化。很多人在调查研究过程中困扰于找不到研究问题，觉得看到的东西都很稀松平常。这说明，在调查研究过程中，"习以为常"并不是一件好事。我们要做的是，把熟悉的现象陌生化，把直接经验转化成研究对象。具体可参照的方法如下：

一是把熟悉的生活场景和异文化场景对照，重新理解自己的生活世界。

二是拉长时段，进行历时性比较。今天看起来熟悉，再正常不过的东西，在过去很可能就不正常。

生活场景对象化的前提是有足够多的间接经验，这些间接经验可以和直接经验进行碰撞。理论上，调查越多，间接经验也越多，生活场景对象化也就越有可能。

（2）"陌生"的田野

做异文化的田野调查，主要有两个要点。

一是构筑现场。任何一个田野工作都要构筑一个现场，唯有如此，田野工作才有边界。一般而言，村庄调查是比较好的田野作业点，因为村庄有一个客观的物理现场，有地理边界；同时，村庄也是一个小社会，有特定的人和事，以及社会关系网络。

从田野训练的角度看，村庄是比较合适的田野地点。今天的村庄尽管已经支离破碎了，但毕竟还有比较完整的社会形态，生活世界的各个要素都有。有村庄权力结构以及相关的政治现象，有家庭、交往、伦理、宗教等生活事件，还有生产、服务等经济活动，差不多就是个微型社会。因此，村庄社会的"现场"是比较容易构筑的。

城市社区的治理、生活和生产等事件就更加支离破碎，它并不是一个完整的社会形态，要把我们访谈到的人物、事件等构筑成一个完整的场景，要求就特别高。并且，我们哪怕把现场构筑出来了，实际的现场也是两码事。

其实，"田野经验"某种意义上都是通过不同的现场构筑起来的。田野经验是一种理性认识，现场的构筑是调查研究的结果。

在掌握充分材料基础上，重新构筑的"现场"，是理想型的，也是类型化的。

二是激活经验。现场里的人物要生动，事件要有复杂性，经验内部结构要清晰，这些都要依靠经验的激活。比如，访谈对象的某句话，特别能够说明某个问题；某个人，是现场里的关键人物；某个事件，能够将现场的各个方面串联起来；某个场景，特别有画面感。这都需要激活。

激活经验需要有一定的路径。比如，我们在做村庄研究的时候，有时候依靠精英视角，通过村干部、经济能人、文化精英，把村庄事件联系起来，构筑现场，并形成解释。他们呈现的是一副精英视角的画面。有时候也依靠边缘人群的视角，调研贫困人口、单身人群、残疾人士等来呈现村庄社会，这也可以构筑另一个生活世界。

史景迁可谓是构筑现场的大师，其作品都有让人身临其境之感。比如，他的著作《康熙：重构一位中国皇帝的内心世界》，用第一人称来写，把康熙帝所经历的历史事件联系起来，构筑了帝国疆域、风土民情和官僚体系等，通过康熙的视角，重新激活经验，为读者提供了清代政治制度的图景。《王氏之死》是依靠历史史料、民间传说甚至是一些小说演义组织起来的文本，其核心也在于构筑了特定时代的生活世界。

所以，田野资料的收集和理解，要服务于田野现场的构筑。当一个现场被完整地构筑起来，且里面的场景有画面感，那么，对问题的理解也就是自然而然的。

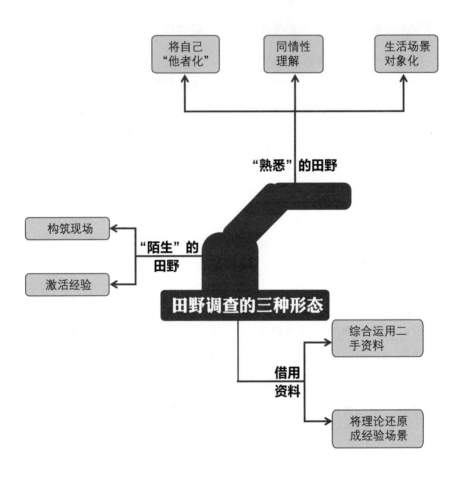

（3）借用别人的资料

怎么样用别人的资料来提高自己的经验质感？这就涉及二手资料的运用。社会调查研究是将经验抽象和理论还原合二为一的过程。某种意义上，所有的理论都可以还原为经验，而这些被还原的经验都算是二手材料。任何一个概念，其实都是某个经验场景的理想化和抽象化。在经验研究中，并不存在完全依靠旧有的理论推演出来的所谓创新性的理论。如果理论没有办法指向经验，还原为某个场景，那就差不多就是"死"的理论。

比如，马克思、韦伯和齐美尔的理论，差不多都可以还原为欧洲近代史，是历史经验某个片段的精练概括，可以还原为那个时代的经验场景。这些场景包括工厂的生产和管理、都市生活景象、官僚机构运转等。其实，理解了那些历史经验，就比较容易理解他们的理论。事实上，他们的理论著作，都有非常多的经验描述，而这些经验是理论建构的基础。

在借用别人田野的时候，需要综合应用比较、迁移和拼接的办法。我们得根据自己的田野经验，把理论还原成经验场景，然后进行比较，抽取其中的相关要素，迁移过来，重新整合成一个新的经验场景。

经验研究最主要的是通过一个完整的田野调查，构筑一个现场和经验场景，形成对某个问题的整体认识。我们对问题的认识并不是来自某个具体材料，而是诸多材料所构筑的经验场景。

2. 问题的提出

重构经验后，如何正确地提问题，且尽量提出有价值的问题？

（1）从现象出发

问题首先从现象里提，这种方式直接且有用。

最直接的做法就是从"常识"提问题。我们看到的现象，在当地人的常识里面是怎么理解的？这和我们自己的"常识"或者说理论上的"共识"有何不同？不同地方"常识"之间的碰撞，往往是问题意识的来源。

21世纪前10年，笔者在初学调研的时候，对农村老年人养老的情况，有个很不理解的地方。当时，福建老家的老年人普遍还是跟着儿子过，每一个老年人分开跟着不同的儿子过，当地人都觉得这是一个"常识"，只有极少数子女不孝的老年人，才会自己"单过"。但在那个时候，江汉平原的老年人就已经是单过了，当地人的"常识"是老年人自己单过才是幸福的，这样才自由，两位老年人分开跟着不同的儿子过，实在是悲惨。

怎么理解这个差异？需要理解不同地区的社会性质、家庭模式和代际关系。在南方的宗族地区，一般是不存在父子分家的，只有兄弟分家。但在江汉平原，父子分家却很正常，这就直接决定了老年人的养老方式。在宗族社会，老年人的"自由"可能不是一个比较关键的价值，家庭整合以及稳定的秩序才是关键价值——多数老年人，哪怕是跟着儿子过，但其在家庭中的位置也比较稳固。但在江汉平原这样的原子化社会，老年人的"自由"就显得无比重要，能够自己决定吃什么、用什么，无比关键。

今天，包括我老家在内的全国农村，老年人单过现象变成了普遍现象，大家也不会从子女孝顺不孝顺的角度去理解了。原因在于，在人口流动如此剧烈的情况下，大部分中西部农村地区，无论是父子之间，还是兄弟之间，都已经自然分家了。我和我哥哥之间就没正式分过家，但我父母很自然地和我们分家了。这很可能意味着，中国农村的社会性质在同质化，养老模式也在趋同。

大多数研究，其实都是从"常识"出发的。只不过，很多人在提问题的时候，直接用自己生活中的常识取代了地方社会的常识，据此和理论对话，这样就可能离题万里。正确的做法是，不同社会的"常识"之间形成比较，产生问题，再和已有的理论解释对话，从而将现象中的悖论转化为理论问题。

所以，从现象出发的关键是，要立足田野、在地化理解我们所调查到的现象。比如老年人单过这个现象，我们把它作为一个学术问题来研究，首先要在地化理解，它背后涉及分家制度、代际关系、赡养模式、社会结构、价值伦理等，只有将具体的现象嵌入到地方社会系统中去理解，才能找到关键变量。

在地化理解的通俗说法就是"村庄内部提问题，现象之间找关联"。老年人单过并不是孤立现象，在地化理解的本质就是找到相关关系。我们可以从单过和不单过的现象找联系，把单过和地方社会的劳作模式建立联系，也可以在单过和代际关系、家庭结构间建立联系。

很多调查研究目的性很强，都是所谓的专题研究，只关心自己关心的问题，即想象中和课题有关的问题，对其他问题都不关心。比如，专门研究老年人单过这个现象，每个地方的老年人单过都调查一遍，再解释一番。这种研究，就很难提问题。毕竟，它都没有办法在地化理解。

专题研究最可能出现的情况是，从经验的外部提问题。比如，一看到老年人单过，立马就想到既有的理论解释，如反馈模式之类的，或者用大而化之的因素去解释，如孝道问题等。这种解释，也许并无不对，但确实很难深入，没办法提出有价值的问题出来。

从现象出发，并不是从表面现象出发，而是要尽量将经验内部的复杂性呈现出来，尽量建立多维度的现象关联，这样才有复杂性，问题的提出才有力度，也才可能有价值。

（2）从理论出发

我们提出的问题，一定是理论问题。一般而言，研究问题首先是呈现一个现象，指出这个现象值得大家去研究。这个现象为什么值得大家研究？得在理论上有个说法。

大部分理论解释是没有办法穷尽所有的经验现象的，理论概念在一定意义上都是地方性知识，因此，一个让人困惑的现象，既有理论没办法解释的现象，就有可能获得理论价值。

从理论出发提问题的第一步是要把理论还原成可以和调查现象相互比较的经验场景，它们应该处于同一个经验层次。比如，费孝通先生关于抚养和赡养之间的"反馈模式"，是可以还原为一个稳定且平衡的代际关系的。在理想型的反馈模式中，老年人和子女的确是居住在一起的。那么，我们看到的单过现象，的确可以在现象层面上进行比较。单过现象的理论意义，很可能意味着反馈模式的解体。但这是不是事实，需要去验证。

事实上，有些地方和某些时期，确实出现了普遍性的养老危机。但在很多地方，养老危机并不是一个社会事实，仅仅是极个别的意外现象。但是，这些地方也出现了单过现象。很显然，反馈模式的解释是有深化空间的。至少，它所适用的社会场景，可能发生了改变。

反馈模式并不是一个文字游戏，它是有画面感的。如果仅仅用简单的代际之间的付出－回报关系去分解，就很可能把这一理论背后鲜活的理论内涵给消灭了。理论只有保持鲜活性，才能与经验发生互动。

很多情况下，问题意识就是悖论——不同常识之间的差异，既有理论和现象之间的差异，理论逻辑和现象关联之间的悖论。

有些问题意识，可以变成一种对话式的研究。比如，某个理论无法解释我们调查到的新现象，我们通过这个新现象，增加了一个新的解释变量，通过分析，让理论解释更加圆满。

但对问题意识更好的处理方法是，通过问题把既有的理论解

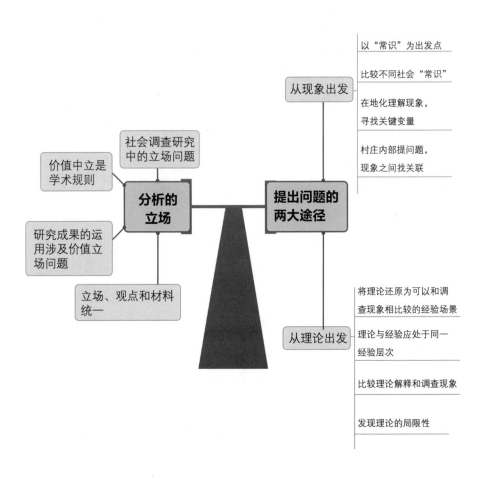

以"常识"为出发点

比较不同社会"常识"

在地化理解现象，寻找关键变量

村庄内部提问题，现象之间找关联

从现象出发

社会调查研究中的立场问题

价值中立是学术规则

分析的立场

提出问题的两大途径

研究成果的运用涉及价值立场问题

立场、观点和材料统一

从理论出发

将理论还原为可以和调查现象相比较的经验场景

理论与经验应处于同一经验层次

比较理论解释和调查现象

发现理论的局限性

释带入到经验中去，对话不是关键的，而是提供一个完整的文本。有了一个完整的经验文本，现象描述清楚了，理论和经验的悖论也得到了解决。并且，随时间的推移，文本的理论意义很可能会和原来的对话设想不同。事实上，很多文本的理论意义是被重新挖掘出来的。

并不是所有的文本都如《江村经济》，在它诞生之日起就获得了崇高的理论意义。绝大多数文本，都是通过不断的重新解读、挖掘，获得了学术价值。

（3）分析的立场

社会调查研究都有立场问题。价值中立被认为是调查研究的通行规则，概括而言，价值中立本身是一种学术立场，指的是分析的立场、实事求是的立场。在调查研究的过程，我们要保持价值中立，尽量进入经验的内部，去理解研究对象的生活世界，我们不能用自己的价值判断去干扰别人。我们首先得理解，然后才有评价。

调查研究要有分析，也要有批判，但分析要前置于批判。任何一个调查研究，其开始就有特定的出发点。比如，毛泽东同志开展的调查研究，都是有鲜明价值立场的。但这并不影响其报告是分析性的，是建立在客观的数据和材料基础之上的。

调查研究成果的运用，其实也涉及价值立场问题。通常，一个文本出来以后，它是什么命运，就不归作者本人了，其价值是社会赋予的。

有立场有利于推动一个好的调查研究，一个有价值的研究通常情况下也是有情怀的。

今天社会变化太快，社会问题太多，人们的困惑也很多，乃至于很多人都觉得自己生活不易。这到底是一个客观事实，还是主观意象？为了让社会更加美好，我们还是要好好调查研究。

好的调查研究，立场、观点和材料是可以统一的。我们往往是因为有特定的价值立场去推动我们做研究，但我们的研究过程本身又是分析性、客观的，而研究的客观性往往更容易说服人，引起人们的共鸣。

3. 论证

当我们提出了一个好问题，也有足够的材料支撑的时候，怎么样去论证？

（1）叙事法

论证的目的是说服别人，最通常的说服方式是讲故事。在人类历史上，大部分时间的大部分人，都是依靠故事来理解这个世界，通过举例说明来讲道理，《论语》《孟子》等都是叙事法的典型。其实，一篇好的论文就是一个故事，不管用了多少学术语言，逻辑关系有多严密，但最好还是得有情节。

苏力从二十世纪九十年代起，几乎凭一己之力改变了法学研究的状况。主流的法学研究主要是依靠法条、教义、逻辑在说理，当然也依靠很强的价值理念在解释，这也符合大家对学术的刻板印象。但苏力却善于用叙事说理，通过对《秋菊打官司》等文本的分析，讲述了法律与社会关系的一些基本命题，反而比简单的教义阐释更能说服人。

很多理论，其实也是用一个特定的故事来说明一个道理。比如，"公地悲剧"，这就是一个典型的通过故事来说理的理论。

在叙事过程中，我们要通过时间、地点、人物、事件等要素构筑一个场景，每个场景都是由多个情节连接而成的。情节可以独立存在，但情节之间是有逻辑关系的。通常而言，"前因后果"是叙事的基本逻辑，故事通过时间序列编织起来。

好的故事都是有说理价值的。但并不是所有故事都可以说理，很多故事就是为了提供情绪价值。比如，网络上流行的很多爽文，一般只提供让人"爽"的情节，但并不解决逻辑关系。尤其是有穿越和玄幻色彩的爽文，基本上都是依靠上帝视角去推动情节发展。

叙事法看上去技术含量不高，但真正要做到位，其实非常难。它尤其需要重构经验、建立场景的能力，如果没有良好的经验质感，几乎是不可能操作的。

（2）公理

公理可能意味着众所周知的道理，只要某个经验符合公理，通过公理论证也是通行的做法。比如，公文里经常会引经据典，通过一些"政治正确"来说明某个道理，使用的就是这种论证方法。

公理说到底和权威有关。在帝制时代，皇帝说的话就是金科玉律，大家信服圣旨，不在于圣旨说了什么，而在于圣旨是皇帝说的。

学术上的公理，往往经过了严格论证，或者在经验中经过了反复检验。但是，这些公理，普遍都要抽离具体的时空条件，从而具有覆盖律的特征。比如，"经济基础决定上层建筑"，可以在经验中获得无数的证据，但在具体条件下，也可能有很多反证，但并不影响其说理的价值。

但社会调查研究基本上都是在具体时空条件下展开的，我们在运用覆盖律的时候，要特别谨慎。

（3）机制

机制分析是社会学常用的说理方式，其操作建立在对经验研究的准确认识基础上。就其操作要点而言，主要包括对经验研究的整体认识、对各种解释方法的比对。

经验研究包括田野、质感和资料三个要素。田野是一种方法，它是相对于理论而言的。田野是经验现象的有机组合，单个的、断裂的、片段的材料不是田野。好的经验研究都可以找到经验发生的场景，都可以把结论（理论）顺畅地还原到田野中去。

好的经验研究作品都是有质感的，理论和经验之间可以交互往来。相应地，好的经验研究者必须具备经验质感，这样才能产生好的问题意识、发现经验现象间的内在联系。经验研究从来不单纯是科学主义的，具有强烈的人文主义色彩。

资料在经验研究中其实是最不重要的，"死"的资料没有任何意义，资料只有和田野、质感结合起来，才能活起来。因此，资料收集不是一个机械过程，而是研究者与研究对象之间的互动，是构筑田野和质感的过程。

经验研究的开展，包括问题意识、资料收集和分析。把问题意识理解为在既有文献的基础上发现理论的漏洞／空格，在此基础上展开研究是一种误解。经验研究的问题意识应该来自田野，要把理论还原成经验现象，然后在田野中发现经验的悖论，如此才能提出一个真问题。

同样，把资料收集当作单纯的信息提取，这也是误解。资料收集的关键不是信息的量，甚至资料准确与否都不是首要目标。真正的要害是要把"死"的资料变成活的资料，在收集资料的过程中就应该注意不同类型资料之间的（可能）关系。研究者必须提前入场：既是资料收集员，也是资料的分析者、阐释者。

严格说起来，经验研究不应该把资料分析当作单独的过程，因为不存在纯粹客观的"资料"。有质感的经验研究，研究过程已经打通了主客体的区隔，在田野调研中，问题意识、资料收集与分析三位一体。

比如，我们在田野调查中发现某些地区老年人自杀现象比较严重——与其他地区对比、与历史上对比、与其他群体对比，算是一种社会事实，那么，如何理解？大概而言，学术界存在两种解释范式：心理学的个体主义解释和社会学的整体主义解释。

按照涂尔干式的进路，可以把老年人自杀问题转变为自杀率问题，把单个老年人的自杀问题转变为老年人群体的自杀问题，选择社会学范式。放在当地社会中理解，我们会发现这个问题其实包含很多现象，比如，老年人自己认为，总要"恩往下流"，老年人没用了；客观上，老年人的日常生活情况也是独居和自养的多，社会交往也比较少。反观年轻人，日子过得比较自在，把这些现象综合起来看，当地是有代际关系失衡现象。

如果引入其他地方的自杀现象，又可以进一步比较：比如，不同地方自杀类型、群体不同，有些地方是老年人多，有些地方是妇女多，有些地方是中年男子多。

这样，我们就有可能以代际关系（平衡或失衡）、社会竞争（强或弱）等变量为基础，来综合理解这个地方的老年人自杀现象。事实上，某个地方的老年人自杀现象解释清楚了，也就意味着理论具有解释力，其他地方的自杀现象也可以获得有效解释。

一般而言，理论解释包括因果分析、结构分析、功能解释三种方式。简单地说，因果分析和功能解释都是两个现象之间单向度的解释，而结构分析则需要从具体现象中抽象出另一个因素，从而对不同现象做解释。如解释某地农村老年人自杀率高的现象，既可以是因果解释，如老年人因为弱势，所以自杀；也可以是功能解释，如老年人为了儿女生活更好，不给子女添麻烦，所以自杀。但这两个解释，都可以通过代际关系失衡这么一个结构性因素来获得整体解释。

然而，这些解释都没有办法解释现象之间的具体关系。因果解释可能得出"因为A，所以B"，功能解释也可以有"为了B，所以A"的公式，问题是，A、B之间到底是什么关系呢，也即通过什么机制传导？结构分析也基本上把现象之间的具体联系给抽象掉了。机制分析的核心就是要呈现现象之间的具体关系。

机制，即现象之间必然的关系。至于说它们之间是一种什么关系类型，如竞争关系还是共生关系，什么向度，是单向还是双向的关系，却是不重要的。某个地方老年人自杀率高与代际关系失衡之间，不在于说老年人弱势导致自杀，也不在于老年人自杀是为儿子生活得更好，而是说老年人自杀和老年人弱势这两个要素之间，在代际关系失衡的结构下，必然通过某一机制在发生联

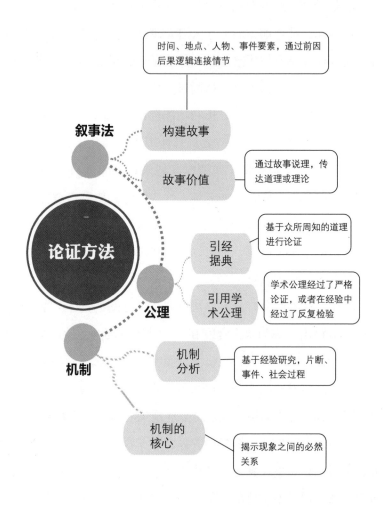

时间、地点、人物、事件要素，通过前因后果逻辑连接情节

叙事法

构建故事

故事价值

通过故事说理，传达道理或理论

论证方法

引经据典

基于众所周知的道理进行论证

引用学术公理

学术公理经过了严格论证，或者在经验中经过了反复检验

公理

机制

机制分析

基于经验研究，片断、事件、社会过程

机制的核心

揭示现象之间的必然关系

系。这个机制可以概括为"代际平衡原理",即理论上,父代与子代之间抚养和赡养关系应该对等,一旦老年人付出得不到回报,必然出现生活挫折(自杀是最终表现形式)。而支持"代际平衡原理"这一机制的,隐藏两个小杠杆,一是夫妻定势,二是兄弟关系。在从夫居的情况下,家庭中妇女地位高,往往意味着老年人地位低;兄弟关系原子化的社会,老年人社会资本低,无法得到有效的社会支持。所以,机制分析能够有效综合各种分析方法,清晰界定现象之间的关系,因果关系是可以具体化的。

机制分析有几个关键过程。一是抽取"片段",从纷繁复杂的现象中截取社会生活的"场景",并赋予这些场景一定的意义。比如,我们在调查中发现老年人在低矮的房屋中"单过",儿子住楼房,老年人住车库,老年人每天都要忙,休闲时间并不多。通过描述这些场景,发现它们有内在一致的素材,且具有相似性,它们构成了老年人弱势的"片段"。另外,在一个家庭中,可能丈夫在忙,妻子在悠闲;茶馆里都是年轻人,这也大概可以切出年轻人,尤其是年轻妇女地位比较高的"片段"。

二是建立机制。我们将各个片段相互结合、排序,就成为一个"事件",而机制勾连了各个(片段内含)要素,由此形成了事件"类型"。比如,老年人生活状况不好和年轻人生活状况极好,这两个"片段"结合在一起,产生了"代际关系失衡"的事件,在这些片段中,都包含了(父代对子代)抚养、(子代对父代)赡养两个要素,两种之间是共生关系,由此构成"代际平衡原理"机制——这个事件,可以包含非常多的现象,比如老年人自养、自杀、"恩往下流"等。

三是建构社会过程。多个机制相结合，就是社会过程。机制分析的完整表达是过程／机制分析。"代际平衡原理"既是机制，当然也是过程（因为它还内涵小机制，如夫妻定势、原子化社会等），它实质上就是理论——因为它已离开具体的田野场景了。

某种意义上，机制分析是包括过程—事件分析的，因此，它需要使用叙事法；机制分析因为也是在结构分析基础之上的，因此，也在不同程度上运用覆盖律。

4. 快意写作

调查研究到位了，写作就是流淌出来的。最好的写作状态，无论是随笔、报告还是论文，就是"快意写作"。好的作品往往是一气呵成的，当研究者进入了经验的内部世界，甚至就是研究对象的一份子时，谋篇布局等写作技巧，基本上是不需要的。当我们自己成为田野的一部分的时候，写的就是自己。

当然，写作也是训练出来的，这就是笔感。比如，笔者写评论和随笔比较多，1500 字左右的评论，4000 字左右的随笔，基本上都是一气呵成，连提纲都不用，写之前稍微构思一下就行。很多人写论文也很快，这也是训练出来的。"快"并不意味着质量低，恰恰说明其感觉很好，质量很高。

写作和调查是一个道理，都是练出来的。调查的训练得有一定的饱和度，要有足够的时间，有足够的信息量，还有足够的思考，最终变成一个有经验质感的人。写作也是，也得经过一段时间的"拼命写作"的阶段，通过写作训练，掌握写作的技巧，形成笔感，甚至形成自己的写作风格。论文有不同的文体，不同学科的论文风格是有差异的，写法都是实操出来的。

快意写作的第一个特点是不修辞。很多人写作有个很坏的习

写作不是技巧，是一种心态

文字需要精炼，但不要过度修辞

问题把握到位，文字也一定到位

不修辞

快意写作

不教条

力量与逻辑，而非规则和格式

真正的个人风格

惯，写了又回头去看一下，看一下不满意又改，删了又改，改了又删。其实，在通常情况下，第一遍是最好的，这是大概率事件——因为，第一遍写作往往是遵从内心，流淌出来的。后面修改的，基本上都是技法、修辞，对于学术写作而言，意义不大。

写作不是技巧，是一种心态。当我们总觉得写不好的时候，那真写不好；当我们自己觉得不错的时候，写作状态就是放松的，就一定可以写好。一开始就对写作进行定位，定义为一气呵成，就真可以有这种素养；但一开始写作就拖拖拉拉，太过于在乎细节，就真可能一直拖延下去。

快意写作属于创作型。如果写作不是码字，就是创作，那么，我们要把自己创作的东西改掉，没有特别的理由是有点痛苦的。如果一篇论文一看就是作者的原创，是他的原始想法，哪怕逻辑有漏洞，甚至不符合规范，也会充分肯定。在大多数情况下，读者肯定比不上作者了解其本意，哪怕是专家，掌握了评判权，也最好尽量去理解别人的创作初衷。如果一个审稿人尽提细节意见，要么别人是故意放过你，潜台词是很欣赏你的创作；要么就是提不到点子上，不理解你的创新所在。我们尽量做前者，不做后者。

不修辞并不意味着语言不需要精练、不需要修改。理想状态下，快意写作是因为技法特别熟练，思考特别成熟，写作和问题意识融为一体了，写出来的文字是流畅的。但对初次做研究的人来说，问题把握不一定到位，文字不一定到位，这是常态。

问题把握不通透，这个可以通过调查研究来解决。文字出问题，这也很普遍。大概而言，文字问题并不是语言不过关，而是学术表达还不过关。并且，这有客观原因。社会科学是外来学科，我们学习的理论、研究的范式，都是英语思维的表达。这就导致了，我们很多写作，长句很多，表达特别烦琐，一点都不精练。

其实，假如我们用日常说话的方式表达，一般不会有语法问题。我们的写作，高中时最好，大学次之，一读研究生就不行了。大概的原因是，我们学理论学进去了，思维和表达习惯都已经改变了。所以，"直白的文风"特别重要，就是要重新把写作回归到日常状态。

快意写作第二个特点是不教条。很多人的写作，关心谋篇布局、遣词造句，这是有规律的。甚至于，有些学校和机构，还专门开一个论文写作课。这当然不能说不对，但对于一个真正做研究的人来说，这些技巧意义是不大的。甚至于，还没进入研究状态就去学习表述，真是本末倒置，很可能把一个人的思维给格式化了。

写作一定是顺其自然的，是研究的结果。作者怎么提问题，怎么论证，并不需要条条框框，其思路已经融入了研究者的思维习惯里去了，写作技巧也是身体语言的一部分了。真正的创作型写作，都是有个人风格的。所以表述不是关键，关键是把问题研究清楚，论证有力量，哪怕写作粗糙一点，材料处理不那么精细，也不影响研究价值。

当写作有了个人风格，那就算成功了。

05

经验研究诸要素

经验本身也是要训练的。

1. 经验质感

在经验研究中，是否有良好的质感，直接影响研究的效果。有了经验质感，往往会有一个比较好的问题意识，能发现经验的意外，并较好地把握经验的内在机制。

（1）何谓经验的"质感"？

一般而言，经验研究包括两个步骤，一是对经验现象的体悟，二是对经验材料的分析。人们普遍关注的是后一个步骤，以为准确地获取材料，科学地分析材料，就可以做一个好的经验研究，经验化约为材料，研究简化为对调查方法和分析工具的运用。殊不知，缺乏了对经验现象的体悟，再科学的经验材料的分析也有可能是离题万里的，要么是不符合"常识"，要么就仅仅是一个"常识"：前者的意思是说经验研究严重脱离现实，不符合逻辑；后者的意思是说经验研究没有发现，没有知识增量。

我们说，经验本身是要训练的，主要不是指对调查方法和分析工具的掌握，而是指对经验现象的体悟能力的训练，即培养经验的质感。什么叫作质感？质感首先意味着整体感，能够恰当地将任何一个经验现象放置到一个更为宏观的社会体系中去。比如说，各类人群自杀率的不同，有不同的社会结构在支撑，妇女，尤其是年轻妇女自杀率高的地区，往往属于宗族性村庄，因为这种类型的村庄结构，年轻妇女处于弱势地位；老年人自杀率高的地区，往往发生在原子化的村庄中，因为老年人在这种村庄结构中处于弱势地位。但是，自杀统计往往不会涉及村庄结构，因此，调查方法再高明、分析工具再先进，也很难把握中国农民自杀的这一重要机制。

其次，质感意味着敏感性，能够在一个具体的研究场域中发现经验的意外，即场域内经验现象之间的悖论——这个意外是因为研究者有了下意识的现象之间联系的假设，经验稍有不同，即可感觉到。"原子化村庄的集体行动能力弱"是经验的"常识"，一旦有原子化村庄内农民合作很好的现象，有经验质感的研究者可以立马感觉出来，通过增加变量来解释现象之间的悖论：比如，村庄有无价值生产能力、行政能力是否强大等因素对集体行动大有影响。

再次，质感还意味着经验现象的延伸能力。这种延伸能力是整体感和敏感性的综合，很多有过长时间民族志调查经历的研究者都有这个体会，到一定程度，发现对村庄的任何方面都很熟悉，被访谈对象"只要说一句话，就知道他下一句说什么"，这是有整体感的表现，也是敏感性不足的表现，经验质感超强的研究者，可以通过对经验现象的延伸能力来解决这一问题。正常情况下，研究者在分析现象 A 时，可能与 B、C 两个现象建立联系，A、B、C 三者之间建立逻辑关系，并形成一个现象体系，换言之，对研究对象 A 的延伸，只进行了两层：由 A 到 B，再由 B 到

C。但如果能再进一层，到达 D，且将 A、B、C、D 四个现象建立了另一个更为复杂的现象体系，那就意味着经验质感更增强了一步。

（2）经验的理论提升

经验质感是一种经验现象的处理能力，集中表现为对经验现象的理论提升能力，包括问题意识、概念化及中层理论三个方面。

能否提一个好的问题，综合反映了经验质感。好的问题不能仅仅是一个经验的常识，也不能不符合常识，好比说，前些年媒体不断报道农民维权事件，然后就提出一个学术命题"农民权利意识的觉醒"，如果说这个命题只是解释农民为何会维护自己的权益，那么，这是一个常识，因为这几乎只是在说明人的趋利避害的本能。如果说这个命题的主要目的是要说明农民有了公民政治诉求，那么，这不符合常识，因为绝大部分维权事件都仅仅是获得物质利益，并无政治要求。但是，如果说这个命题是要解释当前农民维权事件与二十世纪九十年代的不同，发现了一些新因素，比如，钉子户更容易在媒体的配合下进行抗争表演，则它是一个真命题，既符合常识，农民确实为了一己私利（而非政治诉求）敢于抗争，又超出了常识，看似普通的现象实际上有了新内涵。很显然，假使农民维权事件是现象 A，农民趋利现象及政治诉求是现象 C，媒体介入是 B，那么，前两个假设之所以是假问题，是因为没有一个整体感，无法将 A 准确放置在由 A、B、C 共同塑造的政治结构中，也没有敏感性，未能发现近些年 A 现象与二十世纪九十年代相比的异常之处，更无现象的延伸能力，连关键变量 B 也没有延伸进来。

概念化的过程是描述、解释现象的过程，前提是在现象之间建立正确的联系。没有经验质感的研究，很容易在经验现象之间强行建立联系，尤其是没有问题意识的时候。比如，现在的很多经验研究都是应景式的研究，其问题意识并不是从自己的经验质感中产生的，而是从宏大理论或媒体话语来的，研究村民自治的时候，自然地找到民主理论，研究农民维权的时候，自然找到公民政治参与理论，硬邦邦地虚拟出了现象 C，以此来解释现象 A，建立 A、C 之间的联系。注意，建立现象间正确联系的第一步是切忌似是而非地引入一个现象：在一个有具体研究场域的经验研究中，任何一个现象都必须从这个场域中来，而不能从理论或其他的研究场域移植过来。

即便现象 C 确确实实存在，还存在一个问题，A、C 两个现象相隔太远，但解释链条却很短，一定会抹平其他的可能更重要的变量 B。因此，正确建立两个现象之间联系的基本原则应该是，要在两个最相近的现象之间找联系，而非舍近求远。假如现象 A、C 之间有联系，那么，应该先解释相邻的现象 A、B 之间的联系，再解释另一对相邻的现象 B、C 之间的联系。

现象之间的正确联系建立起来之后，就需要描述和解释，描述和解释出一个结果出来，就有概念化的意思了。本质上，任何概念都是内含的多个现象的集合，比如"差序格局"这个概念，它至少是中国人群己界分、长幼有序这两个现象之间的集合，由于中国人的行动单位是家庭、家族等群，而非个人的己，使得群的内部构造了一个等级秩序，这两个现象高度联系，且构成了与西方"团体格局"不一样的结构。

如果说概念化是具体的多个现象间联系的描述和解释，那么，中层理论就是多个概念间联系的描述和解释，中层理论的形成一定会有概念化的过程，但概念化却不一定会形成中层理论。同样以"差序格局"为例，费孝通先生在提出这一概念的时候，只有概念化过程，只是对具体现象的描述，但是，此后很多关于中国社会现象的研究，进行了多种概念化的努力，相互之间却都可以在差序格局中找到位置，比如，圈层结构、行动单位、关系等，很有可能，差序格局就变成中层理论了。而一旦成为中层理论，其解释力将大大拓展，可以解释更多的经验现象间的联系。

（3）理论的现象还原

实际上，质感的作用不仅仅表现在经验现象的理论提升能力上，还表现在理论的现象还原能力中，在经验研究中，两者相互依存，缺一不可。经验现象的理论提升过程，也是理论的现象还原过程。

一个真正有经验质感的研究者，所提的好的问题，不仅在经验上经得起推敲，还在理论上经得起考验。同样以"农民权利意识的觉醒"这一命题为例，很多人用抗争政治理论去套，却不知道这一理论的原型：政府行为、集体行动、抗争三个现象之间的联系，以为农民有了集体行动，或者有了反抗行为，就是一种抗争政治，殊不知，抗争政治不仅需要集体行动，还需要政治性和专业化，缺一不可。如此，要用这一理论，就应有一个整体感，即知晓由中国政府行为、农民集体行动与农民抗争构成的政治结构是怎样的，只有这样，才能把群体性事件、农民集体上访等现象放置在一个恰当的位置。也需要敏感性，发现这些现象在抗争政治这一理论脉络中的悖论，与西方现象的不同之处。也同样需要现象的延伸能力，将一些关键的变量如市场化媒体的作用引进来。似是而非地用任何一个理论去解释鲜活的经验现象，不仅无法解释这些现象，也无益于推进理论的发展。

尤为关键的是在概念的使用上。概念不是用来简化现象解释的，而是为了更好地解释现象，在现象足够复杂，而概念无法统摄时，需要修正的是概念，而不是现象。同样举用抗争政治理论解释农民集体上访现象的例子，当研究者面临着这样一个困惑，即很多时候地方政府表现得极为软弱、无奈，但又经常表现得过于暴力时，那就需要仔细辨析"政府"这一概念，它至少有两个属性——管理机关和暴力垄断者，任何一个属性都不足以把握政府这一概念的内涵。这些年来，在解释农民集体上访现象时，很多研究把地方政府描述成一个冷血的暴力的独裁者，这要么是一个宣传策略，要么是没有一点概念的现象还原能力，结果都是简化了现象解释。

把概念还原成现象及现象之间的联系，是考虑概念适用性的前提。一个从不考虑概念适用性的研究者，肯定是理论的教条主义者，谈不上经验质感；很多人在使用概念时，考虑其适用性并不是从具体的经验研究出发，而是简单地借用别的研究成果（大多是理论的注释），这是一种偷懒行为，是假的经验研究。

至于说中层理论，其现象还原能力主要表现在中国化／本土化的过程中。在社会学研究中，估计很少有人怀疑西方理论本土化的必要性，这说明社会学确实是一个以经验研究为基础的学科。但是，对本土化的路径却有不少争论，主要表现为到底是从理论到经验还是从经验到理论，这是一个很奇怪的事情。实际上，经验现象的理论提升和理论的现象还原本是一体两面的双向运动，经验研究应遵循"实践→理论→实践"的大循环，但大循环内包含了"理论→实践→理论"的小循环。人为地将两者割裂开来，只能说经验和理论的训练都还不够。

（4）经验质感的培养

一个长时期做经验研究的学者，不一定有经验质感，其中的奥妙何在？这得从质感的三个方面谈起。

如果把经验研究化约为对材料的获取和分析，那几乎永远建立不起质感，因为它失去了对经验现象的体悟过程。同样是访谈，却有两种完全不一样的方式，一是访谈仅仅是资料收集方式，尽量追求材料的完整性、客观性，似乎被访谈者只是材料的储藏器，生怕访谈者的某句话、某个动作影响了被访谈者的情绪，导致材料的失真；二是访谈过程本身是经验研究的一部分，材料本身不甚重要，重要的是访谈者与被访谈者在获取、理解材料过程中的互动，尤为注重某一具体的材料在现象联系中的位置，材料的完整性并不来源于细节，而是来源于其在现象体系中的明确定位，材料的客观性也不来自被访谈者是否真诚，而是来自材料间的相互印证。很显然，前一种访谈方式是很难培养质感的，在某种意义上，这一调查方式的存在，本身就表明它是在否认经验研究有人文主义色彩。

质感的首要特征是整体感，因此，将经验现象化约为碎片化的材料，不是一个合理的做法。相反，应该尽量理解某一具体材料与前后左右的联系，注意，关键在联系，而非孤立的材料。对于培养质感而言，材料再详细、再客观，如果无法准确定位，那也是枉然。比如，你在调研中准确地计算出农民种田的投入是300元/亩，产出是1000元/亩，如果不计算其投入产出比，并与家庭结构等因素相联系，这些数字再准确也是没意义的。对于老年人农业而言，这个数字或许是很可观的，但对于壮劳力经营的农业而言，这个数字却有可能是让人失望的。当"可观""失望"这些类似的主观评价出来时，就往质感迈进了一步。

敏感性建立在差异、悖论上，因此，对质感的培养还意味着要不断，甚至是重复解释现象之间的各种可能的联系。再举"原子化村庄集体行动能力弱"这个例子，研究者到任何一个村庄调研，都尝试去验证这一联系，最后发现，即便这个联系是成立的，实际上不同村庄有不同的逻辑，解释得越多，发现变量越多，内在的联系机制就越复杂，把行政因素、价值生产能力等因素考虑进去，就会发现原子化的村庄结构与集体行动能力这两个现象之间，有N多种悖论，可以建立出N多种联系。由于对原子化村庄的集体行动能力问题极为熟悉，形成了下意识，一旦有现象的悖论发生，很容易就感觉出来。

现象延伸能力的培养，通俗的话说是大胆假设、小心求证。可以这样认为，经验本身是完整的，因此，理论上，任何两个现象之间都是有联系的，只是强关系还是弱关系的差异。整体感意味着可以将一个具体的经验现象界分出几个部分，并大致确定各

质感的特征

整体性
将经验现象放置于更宏观的社会体系中

敏感性
发现场域内经验现象之间的悖论

延伸能力
将经验现象延伸到更复杂的现象体系中

经验的理论提升

问题意识
提出具有洞察力和创新性的问题

概念化
描述和解释经验现象

中层理论
拓展解释力

经验质感

理论的现象还原

考虑概念适用性
修正概念，而不是简化现象

经验质感的培养方法

对材料的处理
将材料整体化
明确定位

培养整体感和敏感性
大胆假设
小心求证
可能的联系

概念的使用
谨慎选择
建立联系

部分在现象体系中的位置，敏感性意味着发现两个现象之间的新联系，而现象延伸能力则意味着透过这个联系发现新现象，并最终确定这个现象在现象体系中的位置。比如，假如研究者在原子化村庄与集体行动能力弱两者之间建立了强联系，那么，研究者或许就容易依此发现公共品供给不足问题、村庄灰色化问题等相关现象。一旦假设了这些现象会存在，接下来要做的就是进行论证，这又回到了敏感性的建立过程中：对悖论、差异的解释。

说到底，经验质感不是别的，是对现象之间联系的把握能力，经验研究的最重要的价值是发现新的现象之间的联系。在经验研究中，这种能力可以部分地为分析工具取代，但是，好的问题意识，经验的意外，从来都产生于对经验的体悟过程中，而不可能从分析工具中产生。

2. 实践论

经验研究的三原则：田野的灵感、野性的思维和直白的文风。从实践论的角度去理解，可以发现这一共识恰恰符合了经验研究的普遍规律。

（1）田野的灵感

经验研究说到底是处理认识和实践的辩证关系，实践、认识、再实践、再认识，循环往复以至无穷。这一过程的本质是将感性认识上升为理性认识，即将综合感觉的材料加以整理改造成概念、判断和推理的过程，是从实践到认识和再实践、再认识的双向运动。但凡一个做田野的人，都知道从经验上升到理论（理论提炼）是一项具体研究的最终目的，且是研究的难点，却极少有人知道，将既有理论还原成经验现象，同样是田野工作的必需。因此，一个好的经验研究者，不仅要有好的理性思维，还要有丰富的感性思维，唯有如此，才能破除朴素经验主义和教条主义。

田野的灵感强调任何一项研究的问题意识应来源于田野经验。以村庄研究为例，我们强调"村庄之中提问题、现象之间找关联"，前者指的是我们的问题意识只能来源于经验本身，后者则指经验并不是孤立的片面的现象或材料，而是具有逻辑关系的多个现象的集合。很显然，这与一般意义上的规范研究有很大不同，因为通常的社会科学实证研究首先强调理论对话，问题意识来源于既有的理论脉络，发现理论的空白或不足之处。站在这个研究立场上的研究者很容易有个误解，以为田野的灵感是一种朴素经验主义，实质上，真正的经验研究既反对教条主义、唯西方理论是从，也反对朴素经验主义，反对把片面的、外部的现象当作本质的、整体的经验。

如何才能避免经验研究中的朴素经验主义？田野工作者大概都有一个共识，经验研究从来不是纯粹的"科学"研究，研究者的主观意识无法与研究对象的客观实在完全隔离，恰恰相反，为了获取理性认识，需要主客观之间的深度互动。具有丰富经验的田野工作者大概也认同，研究者在田野中的"顿悟"，抑或经验的"质感"对问题意识的产生具有决定性的作用。乍听起来，"顿悟"或"质感"似乎是违反科学原理的，但这是从感性认识上升为理性认识的真实表现，正是因为研究者将感觉到的经验现象重复了多次，产生了突变，形成了概念，以至于可以对田野中的现象和材料做出不假思索的判断，这就是"感觉到了的东西，我们不能立刻理解它，只有理解了的东西才能更深刻地感觉它"的道理。在村庄研究中，"顿悟"或"质感"意味着在村庄的政治、经济、文化等各种现象间建立了联系，形成了关于村庄性质的总的判断，我们称之为"村治模式"。有了"村治模式"的概念，村庄内的任何一个现象就不再是孤立的存在，而是有前后左右内部联系的经验。

在对经验的理解上，教条主义者本质上也是朴素经验主义者，为什么这样说呢？因为教条主义者往往假借理性认识代替了直接认识。我们知道，理论是理性认识的最终结果，对于田野工作者而言，往往也是间接认识。对于经验研究者而言，将自己浸泡在田野中以获取对经验现象的直接认识，以至于形成经验的"质感"，是一项基本技能。唯有如此，才能形成理论的现象还原能力。"实践出真知"有两个内涵，一是任何理性认识都发源于直接经验，二是任何理性认识要指导经验，都要还原成感性认识，在与新的经验现象互动中检验其适用性。戴着理论的有色眼镜做经验研究，导致理论切割了现象之间的内部联系，将片面的现象当作整体，将现象间的外部联系代替内部联系，既阻碍了从直接经验中形成判断的可能性，也忽略了既有理论的再认识、再实践的过程。

一旦把既有理论还原成经验现象，理论与经验就可以反复循环，就可以发现两者之间的断裂——所谓的悖论现象，"真问题"就由此产生了。某种意义上，问题意识之所以是"真"的，并不在于我们在实践中检验出理论有多大漏洞和多少空白，而在于已还原成经验现象的理论与田野工作中发现的现象间的内部联系很不一样，需要我们去修正。悖论的形成无非来自两个方面，一是随着时间的流逝，实践发生了变化；二是空间条件的不一样，实践逻辑也有所差异。在方法论上，社会学研究几乎都算是比较研究，因为，脱离了时空的抽象经验是不存在的，当下的经验现象只有放置于具体的历史脉络中，放置于具体的空间结构下，才能获得理解。

（2）野性的思维

"野性的思维"说的是分析问题的原则，指的是方法论上的拿来主义。在村庄研究中，很多不明就里的人总是要问一个问题：个案怎能代表整体？还有一些人在这个问题的基础上提出了一个思路，认为定量研究和定性研究都在解决同样的问题，即如何将case研究转变为cases研究。这显然是没有掌握经验研究的基本要义。如上文所言，经验研究的第一步是要发现现象之间的本质的、整体的内部联系，因此，无论是个案研究还是别的研究，无论是定性方法还是定量方法，其相同点不在于要在个案的"量"的拓展上解决代表性问题，而是要通过发现"问题"构成的基本要素，以及这些要素之间的内在关系，从而获得对某一经验现象的本质的、整体的理解。我们将这种建立经验现象之间内在联系，并由此解释某一具体问题的发生发展规律的研究方法称作机制分析。

由于机制分析是对具体的时空背景下的经验的研究，因此，任何一个机制都不是放之四海而皆准的抽象理论。根据其适用范围的不同，表现为宏大理论、中观理论和微观理论。理论的适用范围并不是越大越好，因为理论的适用性往往是以牺牲机制分析的复杂性为代价的；反过来说，也并不意味着机制分析越复杂越好，因为复杂性意味着将更多的偶然性、特殊性的要素纳入分析范畴，降低理论的解释力。

说到这里，我们大概知道，"野性的思维"实质上是经验研究中"法无定法"的直观表述。它要把握的唯一的原则是发现和建立经验现象背后的机制，机制分析的具体方法却是不甚重要的。

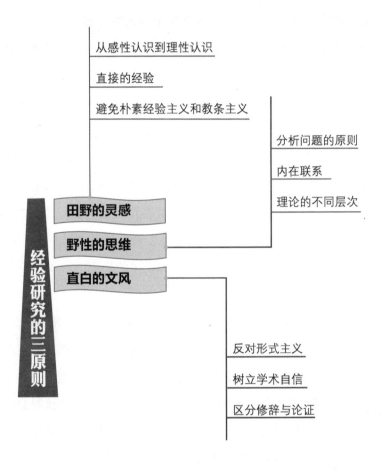

从感性认识到理性认识

直接的经验

避免朴素经验主义和教条主义

分析问题的原则

内在联系

理论的不同层次

田野的灵感

野性的思维

直白的文风

经验研究的三原则

反对形式主义

树立学术自信

区分修辞与论证

举例来说，在田野调查中发现了现象 A、B、C 三者之间的共生关系，对于结构功能主义的方法而言，可能要通过建立由 ABC 三要素构成的结构来解释局部现象存在的合理性，最后会告诉人们说，A、B、C 之所以存在，就是为了发挥某种功能。对于因果分析而言，或许只要在三要素的任意两个要素之间建立联系即可，只不过，它需要对 A、B、C 的发生发展做出排序，由 A 导致了 B，又因 B 而产生了 C。对于机制分析而言，功能分析和因果分析并不相互排斥，因为其要义并不在于解释到底是 B 因 A 而发生，还是 A 因 B 而存在，而是要发现 A、B 之间必然联系的机制。同样的道理，在机制分析上，定性研究与定量研究并不排斥，它们说到底还是为了发现、建立各个要素之间的内部联系。

这里还要提一句的是，"田野的灵感"和"野性的思维"是相互依存的，如果没有"真问题"，就很难有"经验的意外"，也就无法准确把握某一具体问题的构成要素，更无法将这些要素正确地建立联系。反过来说，假设没有"野性的思维"，迷信某一理论，囿于某一方法，永远都不可能做到经验本位，也奢谈拥有一个好的问题意识。

（3）直白的文风

本来，有了好的问题意识，并用正确的方法分析、论证，表述就不应该成为问题。但是，当前经验研究的表述却大成问题，这主要表现在"新八股"大行其道，问题的分析和表达之间严重脱节，"直白的文风"就是针对这一现象而言的。绝大多数不知所云的文风问题是没有"真问题"、无法做深入的机制分析的表现，研究者只能通过一些大词和大理论来掩盖其经验的贫乏，用语词的逻辑演绎代替对经验现象内部联系的分析，研究过程中的教条主义表现在文风上就是形式主义。还有一部分文风问题是学术不自信的表现，总是不相信自己在田野中产生的灵感，也不相信厚重的经验分析足以与任何看似强大的理论对话，却要依靠不甚相关的研究装点门面。

倡导"直白的文风"就是要反对形式主义的文风，树立学术自信，它与是否需要学术规范完全是两个层次的问题。某种意义上，"直白的文风"解决的是要什么样的规范问题，而不是要不要规范的问题，因为规范有利于学术的对话、传承、积累，有什么必要去反对呢？需要反对的是那种为表述而表述，只关心言语的修辞，却忽视论证的内在逻辑、言之有物的问题。

3. 问题导向

问题导向是社会调查研究的起点，也是终点，贯穿于社会调查研究的全过程。能否正确提出问题，科学分析问题，合理解决问题，是判断一个调查研究工作是否成功的根本标准。

（1）问题意识

社会调查研究需要有明确的问题意识，回答特定的问题。大体而言，问题意识源自三个方面：一是调查研究的背景；二是调查研究的目的和意义；三是调查研究中发现的具体问题。

调查研究的背景指的是某一项具体调查研究开展的由来。没有哪一个调查主题是无中生有的，任何一次调查研究都是在特定背景下开展的。对特定背景有理解，可以提高问题提出的准确性，有助于理解调查目的必要性。大致而言，一项调查研究的背景，既包括调查主题相关的理论研究，既有的理论认识有什么，对该主题的理论回答在哪些方面还不够？又包括现实状况，该调查研究的宏观背景和迫切需要应对的主要矛盾是什么？

毛泽东的《湖南农民运动考察报告》之所以是调查研究的名篇，在于这篇光辉文献回应了时代背景。毛泽东开展湖南农民运动调查和研究的背景是，随着北伐战争的深入，党内外对于农民运动的诸多责难与曲解，迫切需要回答农民运动的真实情况如何、方向何在的问题。该调查研究既有时代属性，和他之前的《中国社会各阶级的分析》一脉相承；又有现实需求，客观呈现了农民运动的现状和主要矛盾。因此，这一调查具有极高的理论价值和实践意义。

调查目的指的是启动某个调查研究工作要解决何种问题，达到什么目标，调查目的是否明确，有没有合理地回应研究背景，这些决定了调查研究的"立意"是否高明，理论和现实意义有多贴切。有些调查，一开始就是出于解决实际问题，寻求具体对策而展开的，这种调查主要存在于政策研究中。政策性的调查未必要有多么"高大上"的目的，但好就好在目标明确，直奔主题而去。要做到这一点，就要求调查者对调查主题有一定的了解，事先准备调查提纲，对调查成果要有一定大致判断，进而保证调查实施有的放矢。

有些调查，其目的较为开放，目标也比较模糊，这种调查主要存在于学术研究中。学术调查主要服务于未知领域的探索发现，通过调查研究获得一个新现象，提供一个新解释，得出一个新结论，当然是好事。但对于大多数学术研究而言，企图让每一次调查都有所发现，几乎是不可能的。因此，调查"失败"也是可以接受的结果。由于学术调查重在探索，调查者对调查主题的了解程度如何，调查提纲如何准备，以及是否需要一个调查结果，可以视不同情况而定，结构性访谈、半结构访谈和无结构访谈，都是可以的。

对于一项调查研究而言，问题意识的呈现主要表现为在调查中正确地提出问题。绝大多数调查研究都兼有政策性和学术性。这是因为，哪怕是政策性极强的调查，也有一些未知领域，也需要探索。尤其是那些服务于议程设置和政策制定的调查研究，需要广泛调查，汇聚不同的信息和观点，逐步形成思路和框架，这基本上和学术调查没有本质差别。

而对于学术调查而言，尽管调查是探索性的，目的性不一定要那么强，目标也不一定要那么明确，但一些基本工作还是需要做的。比如，任何学术调查都是建立在既有研究基础之上的，至少得对已有的调查研究成果有所掌握，对调查对象有一定判断。调查过后不一定有理论发现，但调查总得获得一些基本情况。某种程度上，哪怕是一次失败的调查，也有意义。其意义就在于为下一次调查研究提供了基本信息，也让下一次调查少走一些弯路。

做调查研究工作的人都有共识，提出问题比解决问题重要。但正确的问题意识源自哪里呢？源于理论与经验、政策文本与政策实践之间的悖论。有些问题，很可能在理论上有说法，在政策上也有依据，但在经验上却呈现出和理论假设不一样的情况，在实践上也出现了意外的后果，这就需要在调查中将理论和政策还原为具体的经验和实践，进而让"悖论"具体化。

很多调查研究都是上级领导的"命题"，或者是某些理论大师提出的需要解决的理论"漏洞"，这都只是研究背景，而非真正的问题意识。可以这么理解，只有在具体的调查研究工作中发现的、且在经验上可理解的问题，才是真正的问题。

（2）具体问题具体分析

有了明确的问题意识，正确地提出了研究问题，就需要对问题展开科学分析。其中的关键是，对具体问题展开具体分析。概言之，具体问题具体分析是矛盾的普遍性和特殊性的统一。很多调查研究没法深入，实则是因为没有把握矛盾的特殊性，对调查问题没有具体化；很多调查研究尽管掌握了丰富的数据和资料，却无法得出新认识，是因为没有把握矛盾的一般性，对调查问题没有适当的抽象。

如何将调查研究所提出的问题具体化，涉及科学方法的运用。一般而言，具体问题具体分析包括客观性、整体性和本质性三个方面。

所谓客观性，指的是对调查问题的分析需要秉持价值中立的原则。任何一个调查研究者都有出现主观主义的风险，因为出身不同、利益不同、知识结构不同，从而具有不同的立场和价值倾向。比如，很多具体政策制定者，往往都具有"空中"视角，一旦政策有问题，需要去调查研究，很容易下意识地认为是执行出了问题。很多执行者基于"地面"视角，也会下意识地将政策问题归结为是决策不接地气。

在调查研究过程中，重要的是"想事"而非"想词"。很多调查研究者容易陷入教条主义的境地中，对既有的理论假设没有反思，只能用大而化之的概念去覆盖具体现象，用既成的理论逻辑去代替经验内部的关联。有些调查研究者又容易陷入朴素经验主义中去，容易用一些特定时期特定地区的地方性知识，一般化为普遍规律。"想词"的调查研究，可以说是已经到了泛滥成灾的境地。比如，这些年很多地方热衷于基层治理创新，每一个创新都希望有理论成果，都想成为全国其他地方的治理示范。但所谓的理论总结，抑或经验借鉴，都是一些似是而非的"大词"，真正能够揭示创新经验本质的地方性知识，反而没有得到很好的分析。这种调查研究，看似是有资料、有证据，但仍然是偏离了客观性原则，犯了主观主义的错误。

整体性指的是，调查研究需要秉持整体主义的进路，对整体和局部的关系要有清晰定位。调查研究中所发现的问题，其实都有前因后果，和其他问题都有相关关系，只有把问题的前后左右的相关因素搞清楚，对其所在的特定的历史条件和环境条件有所把握，才能避免片面性。

比如，做任何一项政策调查研究，最好对议程设置、决策、执行、评估、反馈等几个环节的关键行动者有所认识，对政策过程体系有整体把握，这样才能对政策问题有整体把握。在政策研究中，"体系"是整体，各个"环节"则是局部。如果有整体性的视角，就不至于将政策问题简单地归咎于决策不接地气，或是执行偏差的问题，从而避免主观主义的陷阱。

再如，做任何一项社会问题的调查研究，最好对"社会"本身有理解。如果是做群体研究，那得调查清楚群体的规模、结构、行为特征；如果是做机构研究，那得了解机构的组织特征、责权设置等；如果是做村庄研究，需要对村庄的人口、土地、家庭生计，乃至于风土民情等都要有把握。

一旦将具体问题置于具体环境条件中，就获得了整体性。农村调查研究的一个基本经验是"村庄内部提问题，现象之间找关联"。"村庄内部提问题"的意思是，调查研究中发现的问题要来源于经验，且对问题的理解要置于村庄内部中去。要防止"一触即跳"，避免在调查中发现了一点问题立马就用外部理论和既有认识去解释。"现象之间找关联"的意思是，我们在调查中发现的问题，要和其他现象联系起来，在联系中解释问题。任何一个单独存在的现象都是"局部"，但现象之间的联系体则构成了"整体"。

具体问题具体分析的终极目标是"透过现象看本质"。要达到这一目标，前提是要充分占有材料。只有充分占有材料，才能对材料本身进行分类整理，在材料的比对和联系中"去伪存真、去粗取精"。

但充分占有材料并不会自然形成对问题的深刻把握，它还得建立在对材料的充分解释上。在第一个层次上，调查者需要形成内部视角，对材料进行"在地化"理解。即，调查者可以还原出问题的全貌，以及相关方对该问题的看法。因此，调查者在收集材料的过程中，得充分掌握报告人对材料的认识和理解。在第二个层次上，调查者需要形成整体视角，对材料进行一般化理解。一般化的理解得借助于科学的分析方法。在我们党的调查历史上，"解剖麻雀"个案研究方法具有重要位置，在吴文藻和费孝通等中国社会学奠基人的探索中，社区研究方法是社会学中国学派的主要标志。两种研究方法都是实地研究法，具有相通之处，共同推进了对中国社会的认识。

"在地化"理解是一种地方性知识，是在特定历史条件和环境条件下形成的认识；而一般化的理解则是一种普遍性知识，是充分消化特殊性基础之上形成的规律性的认识。对于一项具体的调查研究来说，"在地化"理解和一般化的理解是来回穿梭的过程，它们不可分割。有具体的抽象，才是有解释力的理论；而有抽象的具体，才是可被认识的现象。

（3）合理地解决问题

通常而言，正确地提出问题，并进行了具体问题具体分析后，解决问题是顺其自然的事。但任何问题的解决，都有个"度"。人们通常都认为，问题得到彻底解决是最好的，但在实践中，还得辩证看待。

从一般规律来说，"问题"具有普遍性，解决某个具体问题是可能的，但要让某一项工作与问题绝缘，则是不可能的。社会中存在一定的问题并不可怕，关键是要对问题本身有控制，这样反而有益于社会的良性运行。因为，社会问题是社会运行不畅的表征，也是一种社会安全阀。

因此，社会调查研究中所指的解决问题，主要指的是对问题有一个合理解释。具体而言，合理的解释包括三个方面。第一，问题是普遍的还是特殊的？在理论解释中，问题的特殊性源自某个特殊变量引起的问题。如果将这一变量控制了，某一个具体问题的表现则具有普遍性。所谓具体问题具体分析，很大程度上就是指在一般性条件下，把某些特殊变量找出来，进而对问题具体化。其实，社会调查研究既要调查一般，比如任何一个地方的自然和社会条件、制度文化等；也要调查特殊，比如一个地方是不是存在某些特殊的变量，这一特殊性在多大程度上决定了问题的性质。

第二，问题是整体的还是局部的？不同的解释层次，对问题的判断会有极大差别。一般而言，问题的解释分为宏观、中观和微观解释。宏观主要解释一般性，微观则主要解释特殊性，而中观则介于一般性和特殊性之间，是具体的解释。在大多数调查研究中，中观解释尤其重要，它既要理解问题的一般规律，又要理解问题特殊性。

至于说到底是采取哪一种层次的解释，主要是服务于问题意识。比如，如果社会调查研究主要服务于对宏大社会结构和社会变迁的认识，服务于宏观决策，则抓住几个具有普遍性的关键变量做宏观解释，是合理的。但是，如果社会调查研究服务于某个专题问题的认识，服务于某项具体政策的制定，则建立在与这些专题和政策密切相关的变量基础上的机制性的解释，就极其关键。当然，如果社会调查研究只是为了理解某个具体现象，尤其是"细节"，以及服务于某项具体政策的执行情况，则微观解释就极其重要。

合理的解释要避免问题意识和解释层次之间的错配。一方面要避免"以偏概全"，用局部的调查结论去解释整体性质。另一方面也要避免"以全盖偏"，不犯统计学上的"层次谬误"，仅仅基于群体的统计数据就对个体性质做出描述。

第三，问题是长远的还是短期的？从根本上说，长远的问题和暂时的问题，只是普遍和特殊、整体和局部关系在时间上的表现。只不过，社会问题往往具有极强的历史性，从历史的角度去看问题非常之关键。

在大兴调查研究过程中，历史遗留问题是一个非常重要的调查对象。对历史遗留问题做历时性的描述，并对该问题在不同历史阶段的不同表现进行概括，从而对问题的性质做出准确判断，本身就是一种解决问题的思路。有些历史遗留问题，"历史"本身就在起作用。在不同的历史条件下，政策环境不一样，人们的诉求自然有所不同。甚至于，不同时期的政策相互矛盾，这也增加了问题的复杂性。通常而言，时间越是久远，证据越是模糊，问题越是难以定性。一些历史遗留问题看似是历史累积的结果，但实则是不同利益群体的矛盾无法调和，最终延续下来。有些问题，积累时间越长，牵扯的利益群体越多，矛盾就越大；但有些问题，则随着时间的积累，利益相关方逐步退出，使得问题自然消解。

对待历史遗留问题，或是普遍性地解决，或是个案化处理。在某些政策语境中，前者往往被认为是"新官理旧账""敢担当"的表现，后者则被认为是不敢担当，当"太平官"的表现。但从解决问题的合理性来看，这两种思路并没有优劣之分，和官员是否敢于担当也没有必然联系。事实上，历史遗留问题的解决很大程度上取决于"时机"，乃至于事情"闹大"本身也是构成"时机"的要件之一。

问题解决的合理性，很大程度上取决于调查研究者的"站位"。这些年，很多地方都在创新，都希望地方经验能够引起中央重视，为其他地方解决问题提供借鉴。但这些所谓创新经验，一开始就出现了"站位"问题，用基层执行者的视角代替了顶层政策设计，这种基层经验实际上是难以复制推广的。如果处于决

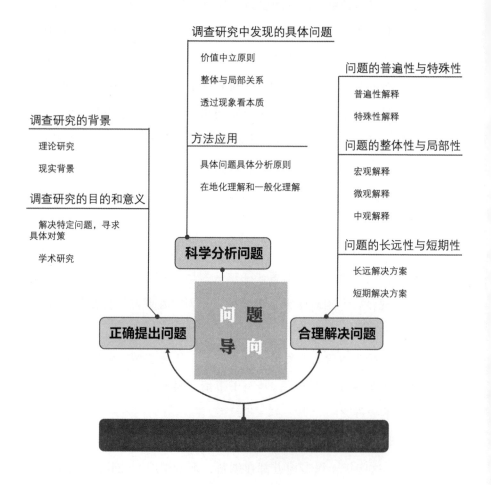

调查研究中发现的具体问题

　价值中立原则

　整体与局部关系

　透过现象看本质

问题的普遍性与特殊性

　普遍性解释

　特殊性解释

调查研究的背景

　理论研究

　现实背景

方法应用

　具体问题具体分析原则

　在地化理解和一般化理解

问题的整体性与局部性

　宏观解释

　微观解释

　中观解释

调查研究的目的和意义

　解决特定问题，寻求
　具体对策

　学术研究

问题的长远性与短期性

　长远解决方案

　短期解决方案

科学分析问题

问　题
导　向

正确提出问题

合理解决问题

策位置的社会调查研究者不加以分析，就会出现把特殊的、局部的和短期的经验，当成一般的、整体的和长远的政策的错误，让决策脱离实际。在这个意义上，解决问题的合理性是一般和特殊、整体和局部以及长远和短期相结合的结果。要做到这一点，既取决于科学的调查研究方法，又取决于调查研究者的角色意识。

社会调查研究中的问题导向，始于正确地提出问题，经过具体问题具体分析，终于合理地解决问题。任何一个调查，都不可能包打天下，也不可能穷尽问题的全部。因此，调查研究贵在具体，需要持之以恒，它是我们认识和理解社会，建设美好社会的常规工作。

4. 专业化

专业化是"两经"基础上的专业化。经典和经验训练是专业化的前提，而专业化又是经典和经验训练的深化。

（1）"两经"训练

专业化包括三个要素：（1）专业的问题意识；（2）把握机制的能力（勾连理论与经验的能力）；（3）专业论证。而这三个要素与"两经"训练密切相关。

我们在经验训练过程中常强调说要有自己的问题意识，这主要是指经验调查应有自己的主体性，避免将自己变成调查员。至于说问题意识好不好，那倒是其次的。然而，从专业研究的角度来说，问题意识不单单是要自己的，还需要专业的。这包括三个层次的内涵：a. 问题意识来源于经验，符合事实，是"真问题"；b. 问题意识来自研究者与研究对象之间的互动，是研究过程的产物；c. 问题意识能够被纳入相应的学术脉络，可对话。

有了"两经"训练，提出一个"真问题"，并在研究过程中发现问题，问题不是很大。但是，要将这些真问题表述成为一个专业命题，却还需要进一步的专业训练。好比说，很多人在经验调查过程中感觉很好，也能够在经验当中发现问题，甚至于可以和被访谈者无障碍地讨论现象和政策问题，这无疑是一个有经验质感的研究者了。但是，如何将经验发现表述成为一般性的理论问题，却是不少人的障碍。问题有二：a. 就事论事。有些讨论停留在现象层面；有些讨论在寻找现象背后的本质。只是，无论是关于现象的讨论还是关于本质的讨论，结论却只能说明单一的经验问题。b. 两张皮。做经验研究的都希望透过现象看本质，都有理论提升的动力。但是，能够做到经验和理论的逻辑相契合，却是少见。多数情况下，是过于追求理论提升，从而切割了经验。

这两个问题的实质是，我们在经验研究中形成的"真问题"还不够系统。这是什么意思呢？就是说我们所谓的"真问题"与其说是问题意识，还不如说是"灵感"。"灵感"来自对经验的感悟，灵光一现即可。它或许很真，也很有冲击力，但却是零碎、无逻辑的。故而，好的问题意识还需要前进一步，将这些"灵感"系统化，或者在已有的经验研究脉络中找到其位置，或者切入相关论题中进行对话。总而言之，问题意识的创新并不是凭空制造、横空出世，而是有了合适的位置，使之可积累、可对话——成为相关领域的"话题"。

（2）话题的产生

一个"话题"的产生，其实就是经验跟理论碰撞的过程，也是把握机制的过程。为什么这样说？所谓机制，既是指经验，即现象背后的本质；又是指理论，即抽象理论的具体化。这个意义上，机制是有经验逻辑的，也是有理论脉络的。"话题"，抑或说学术命题，说白了就是经验逻辑与具体理论的交融。"话题"的形成是一个双向运动，既是指经验的理论提升，又是指理论的经验还原。并且，这个双向运动很可能是同时进行的。

"两经"训练的交融点其实就是把握机制的能力。我们在学习过程中都感觉到，从理论训练过渡到经验训练，有一个跳跃过程，而经验训练结束后，也会有一段时间的迷茫期。笔者个人的体会是，"两经"训练之间的跳跃其实没什么好说的，毕竟这是一个分属两个不同阶段的任务。但是，"两经"训练完以后的迷茫期，或者说转型期，却是需要好好重视的。因为，它提出了一个全新的任务：专业化阶段。这个阶段是以形成把握机制能力为标志的，说白了就是完成理论和经验的贯通。这个能力如何实现？笔者认为至少有以下几个要素：a. 经验质感；b. 理论素养；c. 逻辑分析。

尽管经验质感和理论素养可以在"两经"训练中形成，但如果不主动、不积极，这两个要素不会自然产生。有过调查经验的都知道，如果调查不是以理解现象为中心，而是以获取资料为中心，那就绝无可能形成经验质感。故而，我们总是强调调查要有一定的深度和广度，要积极思考、积极讨论。而阅读经典也是，必须以自己的理解为中心，大量阅读不是为了获得大量知识，而是形成融会贯通的能力，并在此基础上形成自己的理论素养。有了经验质感和理论素养之后，需要用逻辑分析将两者联系起来。否则，经验质感其实就容易在若干灵感中消逝。很多人调查感觉很好，却从未形成一以贯之的经验认识。究其原因，恐怕是没有把那些灵感深度剖析、建立联系，形成经验逻辑。有些人理论素养很好，讲理论可以滔滔不绝，可就是脱离不了原典谈理论，很难与经验建立联系。笔者觉得，其中要害是把理论机械理解了，没有还原成经验，未与现实建立联系。"理论联系实际"这个说法如果理解不到位，很容易害死人。很多人为了解释经验，生搬硬套死理论。结果经验也没解释，理论反倒歪曲了。但是，如果理解到位，则这话堪称真理。将活的理论与活的经验联系起来，用符合逻辑的、分析的方法重新阐释理论和经验，就会形成新知识。这个新知识是有创新意义的专业化了的知识。

（3）专业论证

专业化的知识如果要变得可积累、可理解、可对话，就需要专业论证。那么，什么样的论证才是专业论证呢？笔者认为有几个方面：a.使用专业术语；b.至少要建立两个变量之间的联系；c.有层次、讲逻辑。

什么叫专业术语呢？核心是有较为明确的内涵外延。因此，专业术语可以是大白话，也可以是学术概念，只要在论证过程中确定其内涵外延即可。好的专业术语既来自深厚的经验，也来自对理论的活的理解。因为，在经验研究中，所有的专业术语都要指向经验，如果没有对经验本身的把握，就谈不上对其内涵外延的把握；而没有对理论的活的理解，就总是会纠结于死概念，影响专业论证。使用专业术语的好处是，它促使我们避免用随感的形式做研究，可以将灵感转化成话题。

既然是论证，就需要解释变量之间的联系。讲故事、写感想都不需要从现象中抽离出两个变量，它只要讲出味道，让人感觉

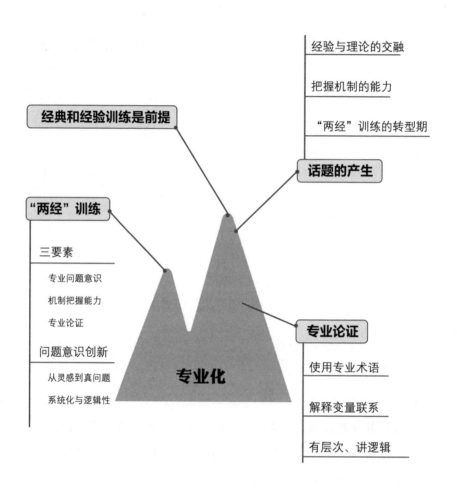

经典和经验训练是前提

经验与理论的交融

把握机制的能力

"两经"训练的转型期

话题的产生

"两经"训练

三要素

专业问题意识
机制把握能力
专业论证

问题意识创新

从灵感到真问题
系统化与逻辑性

专业化

专业论证

使用专业术语

解释变量联系

有层次、讲逻辑

就好。但专业论证不能这样，一定要从经验现象中抽离出关键要素（变量），并在要素之间建立联系。因此，所谓的故事，不单单是有时间、地点、人物这三要素的，还有影响故事编排的内在因果关系。有些人把"讲故事"当作质性研究的时髦，却理解肤浅。没有对因果关系的解释，能讲好故事吗？那还要社会科学干吗？实际上，建立变量之间的联系，恰恰是机制分析的核心。变量就是"事件"的要素，因果关系就是特定的社会机制。

有层次、讲逻辑的意思是，论证需清晰有力。论证的层次感并不由文字驾驭能力所决定，而是对问题的把握深度所决定的。一般而言，经验研究由现象到本质，可以无限接近。有层次感的意思是，论证过程中经验和理论的交接恰到好处，两者重叠得天衣无缝最好。因此，论证的层次浅当然是个大问题，说明理论提升不足；但层次过深也是问题，因为经验不一定支撑得起理论想象，通俗说是不着边际。论证的层次感是由两个因素决定的：一是经验现象的复杂程度及其把握深度；二是理论角度的适用度。干瘪瘪的经验没法论证，即便研究者可以从中获取灵感，并坚信它有理论意义。可问题是，它在论证上会遭遇问题，因而也就不该大张旗鼓地去说道。理论角度离经验太远也很难论证，其结果很可能是为了理论的完整性而裁减经验，这样就得不偿失。比较好的论证层次是，应由经验现象开始，由浅及深，能到哪一步就是哪一步。如果经验现象足够复杂，那抽离出的要素就会多一些，要素之间的联系就要复杂很多；假设对经验现象的理解足够深，那么就应该有过程 – 机制的两分，若干个小机制构建成一个大机制。有了层次感，讲逻辑就会变得简单，哪个要素在哪个位置，应该是很清楚的。论证的起点在哪里并不重要，重要的是要素之间的联系。经验研究怕的是没有层次感，逻辑混乱，这就不好了。

5. 集体学术

"学术乃天下公器"是历代学人的格言，中国历史上的学术从来不缺乏公共精神。儒家学术延续了几千年，从来不缺乏学术主体性，集体学术是中国学术的良好品质。

（1）集体学术的气质

公共学术显然应该是学术的基本品质，没有公共性的学术，就将是一己之私、一集团之利的工具。但是，组织学术的机制并不一定是"公共"的，学术生产的方式也不一定要依靠工业化大生产的方式进行，当然，更不能仅仅依靠个体作业的方式进行。现在的问题是，很多实质上是个体学术的行为，却被赋予了公共性，比方说，一个普遍的观点认为，学术是个人的事，更有极端者将做学问看成是"玩"学术、"混"学术，只要将"玩"的成果发表出来，只要"混"出点社会影响，那就是公共学术了。"玩"和"混"只是市场庸俗主义的表现，本身并无大过，如果仅仅把学术当作一个职业，甚至是情有可原的。但关键的是，很多实质上是在"玩"和"混"的学者，却宣称是"独立学者"，很多实际上是依附于某一利益集团甚至政治势力的学者，却拿起学术之公器指责他人，这种"公共性"是要为人所摈弃的。

"独立学者"往往被认为是公共学术最重要的标志，但实质上，纵观国内外有影响力的理论和方法，其产生都不可能是学者"独立"生成的结果，更不可能是"独立"的学术研究的结果。事实上，真正的大理论，背后都是一群学者，这便是学派。在某种意义上，学派，而非独立学者才是公共学术的首要标志，而学派首先是集体学术，而非个体学术。

集体学术是公共学术的支柱。相对于公共学术，集体学术是有边界的，正因为有边界，才能形成有效的内部知识流通，也才能产生对话。某种意义上，学术的公共性取决于学术讨论，而学术讨论的蔚为大观，并不取决于某几个学者的对话，而是各个学派的论战。没有中国农村经济学派挑起的中国社会史论战，就不会有对中国社会的准确认识，当然，也谈不上改造中国的强大的理论武器。

相对于个体学术，集体学术是可以积累的。把学术当成一个人把玩的艺术，将之发挥到极致，当然也可以创造出"艺术"的奇葩，但是，这不会是学术发展的主流，依靠不断鉴赏来发扬光大某一学术成果，无论如何都算是一个奇迹。只有不断对话，不断讨论，将各种智慧汇聚，才能形成一个实实在在的"场"，创造性的发现才有可能在这个场内不经意地出现。因为有一个场的存在，使得哪怕是一个幼稚的想法，也有可能诱发出天才的想象。吴文藻的学生们仅仅是学习了别人的一点并不算大气的理论，却在内部不断积累了高水平的研究成果，并终成学派。《云南三村》水平低吗？如果按照现在的学术标准，当然低；但是，让《云南三村》与《江村经济》联系，让它与《乡土中国》对照，想象第一代社会学家们认识中国的宏愿，又有哪一个当代社会学家敢忽视其崇高的学术价值？

公共学术与个体学术之间显然不能画等号，中间还需要集体学术做桥梁。很多知其然而不知其所以然的人认为，有一套健全的大学制度，一套高校的学科管理体制，再加上一些公共学术平台，就可以造就高水平的学术。殊不知，那些朋友、师生、同学、兄弟，甚至夫妻，恰恰是学术交流的最稳定的平台，各种非正式的聚会、对话、工作坊，才是深入交流思想的有效机制。当团队成为科技创新的必需时，社会科学也应该认识到，小群体、作坊式的学术同样是产生洞见的有效机制。尤其是在公共学术体制不可能一朝一夕建立起来，标准化的、类工业化的学术生产机制无法平地而起的情况下，扎扎实实地进行手工业式的生产，进行作坊式的研究，由此塑造出 N 多个相对于国际标准而言水平也许并不算高，但却是真真切切地点滴成长的学派出来，那就不愁成就不了中国自己的公共学术。

（2）中国学术的道统

很多人都有个误解，以为只有"独立学者"才能成就真正的公共学术。因为，只有"独立"了，才能避免被任何利益集团，尤其是政治势力支配。尤其是披着先进思想外衣的自由主义进入中国以后，"独立学者"甚至被赋予了反抗强权的标签。学术本是天下之公器，学术本有阶级属性，不存在纯粹的独立学者，不承认这一点，就是自欺欺人。当一个学者拿"独立""自由"说事，对公众发号施令时，他们要的不是学术的公共性，而是一己之私。因此，这样的公共学术，实际上是彻头彻尾的个体学术，这样的学者，是彻头彻尾的学术贩子。

中国学术本有公共性的传统，这一传统与伪自由主义相比起来，显得更加真实。这一传统具有经世致用的品格。这一品格甚至在西学东渐之后，仍然保留着强大的生命力。中国人先是学习器物，然后是学习制度，最后是学习观念，步步深入，学习了德国，学习了日本，学习了美国，还学习了俄国，几乎把列强都学了一个遍。很多人都认为，中国革命之所以成功，是十月革命一声炮响的结果，但是，没有一百多年来孜孜以求的富民强国的梦想，很难想象那个被自由主义者摒弃的十月革命的遗产，却为中国人所接受，中国人在真正践行方法论上的拿来主义。事实上，"经世致用"是儒家学术的信条，也是现代学术的优良品格。以学术为志业，要与学术为饭碗区别；反对学术为权力折腰，恰恰是要保持学术作为社会脊梁的品格。

这一传统保持了为大众服务的优良品格。很多人都以为只有马克思主义学术才会喊出这一口号，但纵观近代中国学术的发展，哪一门学科没有被刻上与工农大众结合，走向田野的烙印？想想喊出大众文艺口号的瞿秋白，翻山越岭的梁思成，魁阁里的费孝通，行走田野的民俗学者，乃至本应埋在故纸堆里的傅衣凌们，因为他们践行着大众的学术的信条，走向田野，在几乎所有人文社会科学领域掀起了革命。很多人已经不屑于魁阁里的《云南三村》，因为那是本科生都可以做到的学术，问题是，当前不少专家学者，缺了儒家学术传统的豪情壮志，无法踏踏实实地接触中国现实。扪心自问，重回战火纷飞的年代，现在的学人们又有几位可以潜心学问？

这一传统体现了大国学术的气派。近代中国最成功的留学生，不是那些学术大家，也不是颇有成就的科学家，而是革命家。革命家有忧国忧民的精神，有献身国家的行动，他们避免了高谈阔论式的学究，他们还避免了盲目的朴素经验主义的缺点，他们是真正地在践行社会科学本土化。吴文藻们创造性地发展了中国社会学，社区学派如果说有什么中国特征的话，就是一群具有士大夫精神，受国学思维影响的知识分子，其社会科学的研究方式竟充满着强烈的人文色彩。社会学的"魁阁"精神，乃是集体学术的胜利。很难想象，《乡土中国》可以用结构主义的方式写出来，也很难想象，《金翼》可以用社会学宏大理论来表述，更难想象，李景汉的社会调查会与"今日之中国"的思考相关。

自从现代学术机构——大学普及以后，很少人再去思考书院制度的真正内涵，人们想到更多的是如何用大学制度替代书院制度，却没有想到书院制度在多大程度上能为大学制度所吸纳。某种意义上，正是因为处于巨变的时代，正是因为处于战火纷飞的年代，使得并不完善的大学制度吸纳了传统书院制度的集体学术的传统。不知吴文藻们是否研究过西方学派，不知道社区学派是否是学习西方学术组织机制的结果，但可以肯定的是，吴文藻和他的弟子们的的确确在无意中找到了学派生成的秘密：充分利用私密关系，充分发挥集体学术的威力，某种意义上，社区学派就是吴文藻和他的学生们的成果。这一成果与中国古代的学术何其相似，那些父子、兄弟和师生关系构成的学派，竟然在现代学术体制下生根发芽。而仔细审查西方学派的生成，又哪一个缺少"集体"的力量？只有集体生活，才能让"言传身教"成为可能，只有集体学术，才能将学术灵感低成本地发酵，正如只有传统的手工作坊才能寄托人类无限的艺术灵感，只有书院式的学术活动，才能让学术创造精神发扬光大，否则，仅仅依靠大学制度，仅仅依靠学科体制，学术创造可能会失色不少。

（3）书院式的教育

成功的集体学术，最大的成果并不是产生多少理论和方法，而是培养出大批以学术为志业的人才。因此，无论是传统的中国学术，还是近代以来的西方学术，教书育人始终是学术生产机制中必不可少的一环，一个团队可以是阶段性的，但一个学派，则必然是长期的，没有"代"的概念，就很难说有学派的内涵。但是，中西方学术的不同理解，最大的差异恰恰表现在教书育人上。"传道、授业、解惑"是中国人对为人师的理想要求，这对于"价值中立"的西方学术而言，却是一个巨大的挑战。某种意义上，公共学术与集体学术的内在差异，是不同社会关系认识基础上形成的。

书院式教育是作坊式的教育，与大学教育这一工业大生产式的教育形成鲜明对照。在作坊式的教育下，学生是艺术品，是因材施教的产物；在工业大生产的教育产业下，学生是标准化的产品。艺术品不仅是"授业"的结果，还是"传道"的结果，因为"授业"不能代替"传道"，文以载道，只有把"文"与具体的某一个老师联系起来，言传身教，背后的"道"才能内化为艺术品的一部分。因此，一批好的艺术品，尽管外在形象多姿多彩，却有出奇一致的精神高度。标准化的产品则天然拒绝个性化的培养，它尤其拒绝充满争议的"道"通过老师传递，它适应了工业化大生产的要求，知识普及的效率极高，避免了政治和道德对知识传播的影响。

仅仅依靠"授业"能够创造出好的学术作品吗？当然可以，把社会科学当作自然科学，把历史学化约为考据学，把人口学还原成统计学，把社会学比照成生物学，把人类学简化为体质人类学，把经济学变为数学，所有的学问都是一门技术，所有的学问家都可以变成技术专家，每一个专业领域都可以创造出好的作品。不过，当社会科学仅仅是"科学"时，那些充满不确定的艺术之美就不知摆在何处，几千年延续的儒家学术就不能冠以学术之名，那些充满各种"道"的学术就不知如何自圆其说。

如果失去了"传道"功能，"文章千古事"就无从谈起，更无法谈及"一日为师，终身为父"。集体学术的精髓在于，它可以模拟亲缘关系，作坊式的师徒关系，可以制造出亲如父子的情感，仅仅是从知识传授的角度来说，其传播的深度和广度要远远大于简单的公共学术，也因此，它具有更为顽强的生命力，可以让那些"异端"的学说顽强地生存下来。如果没有强大的集体情感，如果没有强烈的"传道"愿望，很难想象曾经遭遇挫折的学术集体可以发扬光大。

对于工业化大生产而言，作坊式的生产并不一定就没有生产力，尤其是对于一些高端技术，其生产过程往往依靠一些"创新团队"，尤其是对于学术生产而言，集体学术具有不可替代的作

做接地气的调查研究

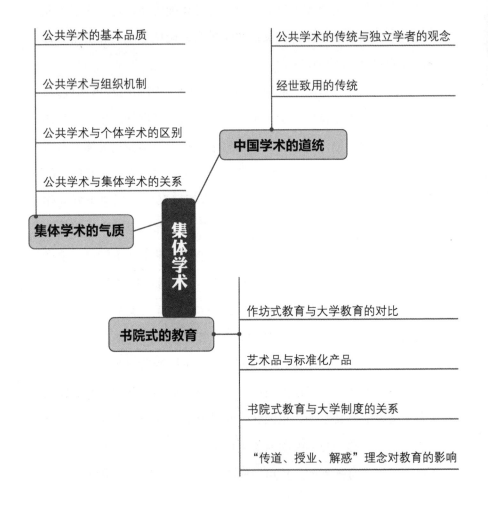

公共学术的基本品质

公共学术与组织机制

公共学术与个体学术的区别

公共学术与集体学术的关系

集体学术的气质

公共学术的传统与独立学者的观念

经世致用的传统

中国学术的道统

集体学术

书院式的教育

作坊式教育与大学教育的对比

艺术品与标准化产品

书院式教育与大学制度的关系

"传道、授业、解惑"理念对教育的影响

用，它继承了书院教育的合理成分，又可以转化成工业化生产中团队作业的一部分。

大学制度不能替代书院制度，标准化教育不能替代艺术性的教育，公共学术不能替代集体学术，知识的传播不能替代学术创造，如此，不要把作坊式的学术看成是落后的学术生产机制，它一旦嵌入工业化大生产的某一环节，就会创造出强大的学术生产力。

06

实地研究操作方法

**"实地"不是一个抽象意义上的方法原则，
而是具象的，是可分析的。**

1. 立意

（1）社会学思维

制度、结构、文化等是一种社会学理论视角，是社会学看待政治社会现象的一种思维。但是，在实际调查研究活动中，这些思维并不是抽象的，它们需要具象化。具象化靠什么呢？那就要靠田野，靠经验。

任何社会问题都是发生在具体场景中的，这个场景必定由一定的结构、制度和文化构成。也因此，只有将社会问题置于具体场景中，才具有可操作性。比如说，如果我们做某个群体的研究，那么我们可以把这个群体分成不同的类别和层次，阶层这种概念就是典型的结构化思维的产物。通过调查研究，我们可以构筑出某个特定群体的特殊结构。在此基础上，我们还可以进一步建立这个群体跟别的群体之间的关系。在所有相关群体中，它处于哪一个位置？这也是一种结构。这个群体有一些行为特征，有共同的身份和角色，这不是个性使然，而是制度赋予的。这个群体的共同特征，会以特定的标志性符号表现出来，这其实就是文化或者亚文化。假如说我们受过社会学训练，我们做调查研究，自然而然就习惯深入到经验的内部，去呈现某个社会现象的整体特征。

很多经验研究的作品，看上去是在呈现现象，分析经验逻辑，但是经验现象特别模糊，搞不清楚研究对象具体是怎么一回事。为什么出现这种情况？非常重要的原因就是，这个作品没有把研究对象具象化。具象化是需要工具的，需要路径的，这个路径在社会学里，可能就是结构、制度或文化。通过具象化的方法路径，经验现象的内部结构就可以解剖开来。

笔者的研究体会是，研究对象具象化是社会学区别于别的经验科学的显著特征。比方说，有些从事经验研究的学科，其主流研究范式是规范性研究。规范性研究有比较强的价值导向，对研究对象有"贴标签"的冲动，非要对研究问题的是非曲直、好和不好有个判断。在经验研究中，规范性意义上的价值判断并不是不需要，更不是不重要，"价值规范"本身也属于经验的一部分。但我们在做出价值判断之前，要对经验的内部结构有精准把握，把事实本身给呈现清楚。因此，我们做经验研究，首先是科学的实证的研究，其次才是规范的研究。一个经验事实，为什么好，为什么坏？我们得说出一个道道出来。这个"道"就是一些因果机制的分析。而因果机制分析的前提是，我们对经验的内部结构有把握，将其丰富性复杂性呈现出来，提炼经验内部各种构成要素，并在关键要素之间建立联系。

（2）避免"一触即跳"

做调查研究最怕的是"一触即跳"。"一触即跳"是指在了解了一点现象之后，不继续深入具体场景中去理解这一现象，尝试将经验的内部结构呈现出来，而是用既有的理论和概念去解释，把一个具体且特殊的经验现象，和外部抽象的、一般的理论概括强行建立联系。"一触即跳"看似是解决了调查研究者的困惑，但这是一种浅层的问题解决，可以说是一种思维偷懒，很难产生知识增量。

初学者非常容易出现这种本能的思维特征。我们一看到某件事，总想贴个标签，做一个解释，下一个判断。读书不多的人，会以自己的"常识"去理解，而读书多的人，则喜欢用抽象的理论和概念去解释。关键是，在初学者本人看来，这样去解释好像也解释得通。尤其是对于那些逻辑思维能力很强的人来说，好像什么现象都可以解释，并且都解释得很好。但问题是，他最后解释出来的东西，其实和经验现象本身没什么关系了。

经验是具体的，而理论是抽象的，用"大词"去解释具体的"事"，从而出现"一触即跳"的错，用通常的话来说是"教条主义"，用学理性强一点的话来说是"抽象经验主义"，用方法上的话来说，有点类似于定量研究方法里说的"层次谬误"。其实，理论都是高度抽象的，某种意义上当一个理论有普世性的时候，它一定是抽离了某些具体的情境和条件。这些具体的情境和条件，在理论假设里面很可能是被隐藏起来了，所以它才有放之四海而皆准的特点。但是，任何一个经验现象都是在具体的场景下呈现出来的一种样态。这个样态其实是有很多具体的条件的，甚至是很偶然的因素造成的。经验研究之所以需要具象化，就是要区分普遍性和特殊性。所以，我们对所调查到的经验现象，并不是说有个解释就完了，而是要有个"合理"的解释，既要解释一般，也要解释特殊。

一般性建立在对特殊性的掌握基础之上。这个特殊性怎样掌握？关键是调查研究者得进入到具体的场景中去，到经验内部去，把经验的复杂性给呈现出来。比如，我们通过调查研究发现，某个社会现象是 A、B、C 三个因素共同导致的，但其实最关键的是 A 和 B 在起作用，C 是这个地方的特殊的要素。只要有 A 和 B，必然产生这个现象，加了 C 这个因素，只是让这个现象表现得更加复杂而已。所以，我们在解释这个现象时，首先要描述复杂性，把 A、B、C 都呈现出来，了解其内部关系，对特殊性有充分理解；其次是简化，这个事情看起来很复杂，很不好把握，但是我们透过现象看本质，它的本质就是 A 和 B，把 C 作为控制变量剔除掉，也就能够获得普遍性解释。

比如，很多关于"典型"的研究，根据这个"典型"是着重于 A 和 B 的阐释，还是着重于 C 的解释，研究的结论就可能有很大差别。对华西村等集体经济的超级"典型"村庄，有众多研究。很多带着价值先导的研究，往往容易从 C 入手，一般会给它们先贴上"集体经济"的标签，然后找到经验证据来证明自己的价值判断——有些是说集体经济是不好的，是假的；有些是说集体经济很好，代表一种方向。但无论结论如何，其实都不够科学。因为，他们都抓住了这个地方的特殊性，而不是普遍性。说华西村好的人都觉得这个地方符合集体经济的想象，认为华西村的成功代表着集体经济的优势；说华西村不好的人，也就顺其自然地将华西村的困境归咎于集体经济。问题是，华西村不仅是一个坚持集体经济的村庄，还是地处长三角的工业化水平比较高的地方，也是深深嵌入到市场经济大潮里的村庄。到底哪些要素是本质？这得在具体的经验场景中去理解。用吴仁宝这么一个优秀的集体"带头人"去解释华西村，那就意味着只解释了特殊，没有解释一般。真正需要理解的是，吴仁宝这么一个特殊变量，是如何嵌入到集体、市场、政府等要素中去的，将吴仁宝这一特殊变量控制之后，华西村是什么样子？它和长三角的其他村庄，乃至于和全国的普通村庄，有本质差别吗？所以，"典型"研究的关键是找到普遍性的 A 和 B，而不是肉眼可见的特殊性的 C。作为科学研究，"典型"研究和其他研究并没有本质区别，都是研究一般，都要在充分了解特殊性的前提下找到普遍性。

用一个特殊性去解释一般性的问题，忽略了经验内部的复杂性，试图用一个很小很特别的案例，回应一个非常宏大的话题，这是很多经验研究的通病。案例的代表性，其实是在普遍性和特殊性的联系中确立的。比如，社会学史上有很多村落研究作品，一般都要介绍村落的区域位置、村落的类型等，唯有如此，才能让读者确认这个案例的一般性所在。还有一个办法是，将资料和数据本身一般化。比如，潘维的《农民与市场》同样论证了市场化过程中基层政权和集体经济的问题，但他把访谈的案例资料类型化了，按照市场经济中"输家"和"赢家"进行分类，且还采用了统计数据，其论证力就很强。如果用《农民与市场》来定位华西村，其实华西村的普遍性就在于，它是改革开放后农民进入市场成为"赢家"的典型。华西村的典型意义不在于吴仁宝这一特殊变量，而在于基层政权和集体经济发挥了农民与市场的中介作用——而这个中介作用，在改革开放初的二十世纪八九十年代，大体而言是有利于农民赢得市场竞争的。

（3）训练质感

我们在解释一个问题的时候，一方面要对理论降维，还原到经验可理解的层次，另一方面要努力把经验现象的内部构成剖析出来，这样理论和经验才能相互匹配，置于同一个解释层次上。当前，调查方法和研究工具越来越多，越来越复杂，越来越方便，实地研究法的运用范围可能还越来越少了，但是它还不可替代。一个好的研究，它一定是建立在经验跟理论之间来回穿梭的基础之上。在经验研究中，实地调查研究可以实现理论和经验的来回穿梭，而其他方法很难有这个功能。

很多研究问题，可以通过实地研究法"落地"。比如，集体在市场经济条件下如何作为？就这么一个问题，研究者可以通过实地调查把集体具象化，场景化地理解集体经济如何作为。集体是如何组织劳动力、土地、资本等生产要素，它在生产、消费、分配等各个环节又有哪些体现？随便选一个村庄，便可将这个理论问题经验化。只不过，像华西村这样集体制度还比较健全，市场经济也比较发达的地方，这一问题的演绎就要复杂一些。

只有经验饱和的实地调查研究，才具备理论跟经验之间来回穿梭的能力，形成经验质感。而质感是我们操作任何一个研究工具的前提。比如，在定量研究过程中，研究者能否敏锐地洞察到某些数据能否说明什么问题，应该对哪些数据进行相关分析，进而从数据中挖掘出让人意想不到的问题，和经验质感是有关系

制度、结构、文化等
是社会学理论视角

具象化需要田野调查
和经验

避免过早套用理论解释经验现象

社会学思维

区分特殊性与普遍性

实地调查研究的价值

经验质感的重要性

避免"一触即跳"

资料的有限性与理解力

训练质感

构建经验场景的能力

立意

的。中国是特别重视调查统计的国家，为此建立了垂直管理的调查系统。各地调查队不仅要实施关键性的经济社会指标的调查，也要做一些临时性的调查，服务地方决策科学化。有些数据，比如 CPI 指数，调查队有长期积累，很容易提供决策咨询。但有些临时性的调查数据，调查队未必有积累，这个数据说明什么呢？要进行解释，可能就比较难，其决策咨询的功能就会受到影响。国家统计局的数据汗牛充栋，各种类型的社会调查数据也很多，大数据时代也可以挖掘更多的数据，但掌握数据和分析运用数据，是两码事。归根到底，还是有赖于研究者的经验质感。

实地调查很难替代，并不是说具体某项研究、某个信息只有实地调查才能做得出来。其实，在收集资料的意义上，用定量的方法可以，用定性的方法也行；用一手资料可以，二手资料也是可以的；用一定规模的抽样调查可以，用大数据也行，它们并没有高下之分。关键在于，我们对这些用不同的方法所收集上来的资料需要有理解力。理解力其实有很多种训练方法，实地调查研究在经验质感的训练上是最直接也最可行的。其实，史学研究也是一种经验质感的训练方法，研究者天天看档案，不断地琢磨，越看越细越看越密，越看越通透，也就有了经验质感。好的历史学者最重要的标志是什么？是研究者可以复原历史场景。一个历史研究者如果只是呈现了史料，而没有对史料的理解，哪怕史料再全，也最多是个档案家。而真正的史学家可以在占有有限资料的情况下，构筑一个历史场景，将历史事件复原出来。

社会学的研究也一样，研究资料永远都是有限的，研究者不可能完全充分地占有材料。因此，研究者要在掌握有限资料的情况下，建构经验的场景，把研究对象还原出来。构筑经验的场景，一方面要有甄别资料真实与否的能力，另一方面要有抓住关键信息的能力。经验有内部结构，也有很复杂的多线条，研究者能够有条理地呈现出来，是研究的结果，而不仅仅是调查的结果。长期从事实地调查，长期和研究对象打交道，不断地来回穿梭，最后形成理解和判断资料的能力，便是经验质感。

2. 特征

实地研究法在形成经验质感的过程中，占有无比重要的地位。其核心在于实地研究法的独特性，这些独特性跟经验质感的训练是直接相关的。

（1）身体在场

实地研究法跟别的研究方法不一样的地方是身体在场。实地研究法就是现场研究法，调查者和研究者要"在场"，并且是身体在场。有些学者说自己的研究方法是实地研究法，但他一次田野都没去过，都是学生去的。这肯定不是很纯粹的实地调查。真正的实地调查，研究者和调查者是不可分的，并且，研究和调查都是在现场的。研究者和调查者要跟研究对象面对面接触，这是关键。研究者只有和调查对象一起置身于具体场景中，才能体验到不可言状的信息，而这种信息往往是理解问题的关键。这种信息并不需要刻意去获取，但这是理解现场，在研究中重新构筑经验场景的关键。

"实地"不是一个抽象意义上的方法原则，而是具象的，是可分析的。一个村庄也好，一个社区也好，一个机构也罢，都是具体的。要在具象里面抽象，我们在某个具体的经验场景中研究问题，针对的肯定是普遍性的问题，所以要有抽象。另一方面，也要在抽象里面把研究问题具象化，研究者要努力到达"现场"，把一般性的问题置于具体场景中去理解。

身体在场是实地研究法的核心所在。在场的嵌入程度可以很深，乃至于研究者自己就变成一个局内人；在场的嵌入程度也可以很浅，走马观花式的调研也是有意义的。只要身体在场，大致都有实地研究的味道，只不过，研究者得清楚自己和研究对象的接触程度，进而对信息、研究结论有清醒判断。

（2）全息研究

实地研究法的另一个重要特征是全息研究。我们很多调查研究，比方说抽样调查收集的信息是标准化的信息，但不太可能是全息的。很多研究议题，因为受制于无法掌握标准化的信息，因而无法进入定量研究的视野。因此，一些依赖于定量数据的学科，往往具有"研究可以研究的对象"的特征。但实地调查不一样，在现场调查研究过程中，所有能够触及的信息，无论是标准化的还是非标准化的信息，都是研究的议题。因此，社会学研究可以是无所不包的。通常而言，实地调查研究要尽量占有资料，与议题相关的信息都要尝试纳入视野。比如，实地调查可能是为了理解问题 A 展开的，但随着调查的深入，发现 A 是一个问题域，调查需要跟踪跟 A 相关的各种要素，A1、A2、A3……构成了一个丰满的 A 信息。

那么，全息性是怎么做到的呢？

一是用眼睛看。实地研究的前提就是在场，所以他有细节，要带着眼睛看。而很多调查，比如抽样调查，是不用看的，调查员只用记就行了。在实地调查中，第一印象其实很重要。比如，一个村庄的居住格局、耕作条件、起居习惯等，都对理解村庄社会很有帮助。有些调查现场是经过布置的，属于"布景"，但有些则是日常化的，这得带着眼睛看才知道，问还未必问得出来。

二是用耳朵听。这不用多说，我们访谈或座谈，或者闲聊，得到的信息都是很重要的。

三是用嘴巴说。实地调查的好处就是可以面对面交流，在对话中加深对问题的理解。

四是用心体会。很多调查是要用心的，甚至需要投入感情。甚至于，投入感情本身也属于调研的一部分。比如，你看到某个现象，感觉特别受不了，感情上很受伤，特别同情或特别气愤，这往往最能够触动现场最有效的信息。实际上，对我们理解问题最有帮助的信息，往往是那种触动心弦的信息，它带来的信息量不一定很大，但信息能量很大，可以调动调查者的所有知识储备，形成共振。

笔者前些年研究城管执法冲突时，已经在媒体上看到了很多城管打人的报道，我觉得应该无感了。但真正参与了现场，亲眼看到别人拿着刀，然后打起来了，特警就站成一排，然后拿着盾牌，把人分离开，这种感觉还是很不一样。为什么看起来很弱小的小贩，在现场里面他一个人就可以对抗几十个城管执法人员？我们单看文字报道，或者图像资料，可能就会按常规去理解，但如果有现场的感受，有多元信息，用心去体会相互矛盾的信息，就不会人云亦云。全息研究里，真正触动我们理解的其实不是我们看到的现象、听到的说法，而是引起心灵触动的那一点信息。所以，我们通常强调，实地调查需要用心，访谈的时候需要全神贯注，因为99%的信息可能是重复信息，但1%的有效信息却是在全身心投入的情况下意外发现的。

五是用腿去走访。我们经常讲用脚板子做学问，说明走访、接地气很重要。走访也有其功能，走马观花随意发现的信息也很重要。

六是用手去记录。面对面的接触跟间接收集资料还是两码事。在现场里，调查者体会到的东西，可能比表面上收集到的东西还要重要一些。任何信息，其实都有"前台""后台"。别人提供的信息，还需要辅助现场去理解。对抽样调查或以收集二手资料为目的的调查来讲，现场可以抹掉，其他信息被定义为"杂音"，被访谈者就是一个信息报告人，最好一问一答，高效完成信息收集工作。但对于实地调查而言，其实最关键的不在于获得的"前台"信息，而在于信息的"后台"。因此，报告人是什么身份，报告的过程是怎么样的，报告人对"前台"信息怎么理解，都非常关键。

调查记录不仅要记录前台信息，还得记录调查过程中关于信息的判断。在实地调查过程中，报告人提供信息的时候，也会提供他对某个信息的态度和解释，这其实是非常关键的内部视角。但是，如果我们只是做一个调查表，连报告人的身份信息都要隐藏，就不太可能有内部视角。所以，一些结构化的访谈或抽样调查，调查过程的本质是抽掉很多"无关"信息之后，获得调查者想要的标准化的信息。而田野调查则是反向操作，调查者要尽量捕捉更多的看上去无关的信息，以此实现全息性。

全息性意味着，除了公开的信息、标准化的信息，调查者还要获取隐藏的信息、不标准的琐碎信息。这些隐藏的、琐碎的信息，并不一定是调查者刻意去掌握的，而是在现场，通过调查者的感官，顺其感知得到的信息。

（3）整体性

实地研究是整体性的。很多研究是一种单线式的，抽离了实际场景的研究，很难结构化。比方说，我们看到的最多的研究，就是解释两个变量之间的关系，这种研究就比较浅层。而一个典型的实地研究，处理的不是两个变量之间的关系，而是多种因素在一个共同的经验场景里面的结构特征，并通过整体结构去理解某一具体问题。因此，实地研究通常不是解释具体哪一个变量，而是解释具体的一个场景，具体的一个经验整体。

比如，对事件的调查研究，得获得事件构成的各种要素，时间、地点、人物、情节等，空间上有结构，时间上有顺序，事件的复杂性呈现出来，从而解释了前因后果。对群体的调查研究也一样，得了解清楚其内部的纵向分层、横向分化的情况。我们研究某一个社会问题，要尽量把它分解，分解成不同的要素，然后在要素之间建立一个有联系的结构。

在实地研究中，我们掌握的信息之间是有联系的，实地研究的重要工作便是将这些有联系的信息构筑成一个整体，形成一个整体判断。比如，在典型的因果解释中，如果 A 现象和 B 现象是

C 现象的充分必要条件，那么用 A 和 B 来解释 C，是合理的。但在实地研究中，A、B、C 三种现象其实共存于一个现场，它们内部是有因果关系，但它们在相互联系中共同构筑了另一个由 A、B、C 三个要素构成的经验整体。只有获得了整体认识，才能说对某一具体现象有了深度理解。

在整体性的意义上，实地研究也是场景化的。实地研究的问题都是可以还原的。实地研究讲究尽量不控制变量，愿意把有影响的相关要素都纳入分析视野，最终让问题本身可以具象化。因为尽量不排除各种影响要素，就要考虑不同要素在某个具体问题的解释中占的权重有多大？它是一个偶然的因素，还是一个必然的因素？是最重要的因素，还是次要因素？

（4）延展性

在实地研究中，经验本身会形成延展性，比如我们在现场看到了 A 现象，就会联系到与之相关的 B 现象，A 现象和 B 现象之间可能是同类现象，也可能是不同类现象，但可以进行比较。这样，通过延展的 B 现象，加深了对 A 现象的理解。这种比较，会极大增强对现象复杂性的掌握，而一旦有了对经验现象复杂性的把握，就有可能发散、拓展对问题的理解。

所谓透过现象看本质，其实很大程度上指的就是延展性。调查者通过访谈、观察等掌握了事物的表象，但通过演绎，便可进入事物的本质。一个有经验质感的调查者，哪怕获得的只是经验的碎片，也大致可以通过将各种碎片延展，最后拼接成相对完整的经验图景。

（5）悬置理论

实地调查研究总是戴着有色眼镜的，这种有色眼镜，或是来自调查者的个体经验，或是来自某个理论指导。总之，调查者在实地研究过程中，总是会受到其知识结构的限制。但实地研究的好处是，实地调查本身具有打破知识结构的力量，把理论给具象化，从而解决"有色眼镜"带来的偏见问题。

理论说到底是经验的抽象，经典作家在论述某个理论的时候，往往都经过复杂的基于经验事实的逻辑演绎。只不过，对于运用理论的人而言，往往只记得理论的内涵和外延，那些原始的经验图景反而被稀释了。在实地调查中运用理论，其实就是把理论放置于现实场景里面，重新把某些概念、判断和定理具象化，让理论还原为经验，从而具备可分析性。如果研究者没有把理论具象化，"硬套"，就有可能切割经验，这就很难达到理解经验的效果。理论的还原，现象的提炼，是一个双向过程，所以理论的具象化也是实地研究的特点。

对于初学者，由于调查经验不丰富，没有经验质感，理论的具象化也存在一定的困难。这时候，最合适的做法是悬置理论。悬置理论并不是说不要理论，而是说在现象的复杂性没有掌握之前，尽量不用先入为主的观点去解释它，暂且不下结论。哪怕是下了结论，也仅仅当作一个可以改变的讨论，用"存疑"的态度来面对调查中的所有判断。其实，在实地调查中，对经验现象的解释往往是没有终点的，每一个阶段的解释仅仅是建立在过去一个阶段所掌握的信息基础之上的；而随着调查的深入，解释也会越来越深入，越来越复杂。当然，当经验通透时，理论解释会变

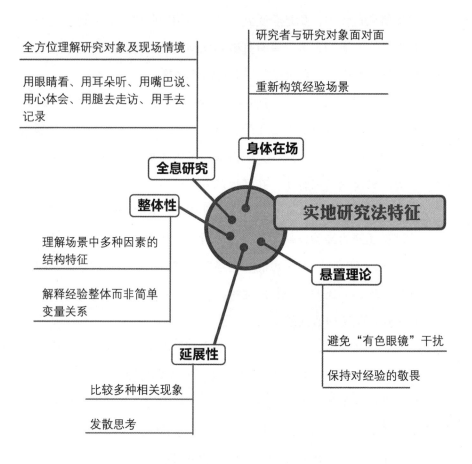

全方位理解研究对象及现场情境

用眼睛看、用耳朵听、用嘴巴说、用心体会、用腿去走访、用手去记录

研究者与研究对象面对面

重新构筑经验场景

身体在场

全息研究

整体性

实地研究法特征

理解场景中多种因素的结构特征

解释经验整体而非简单变量关系

悬置理论

延展性

避免"有色眼镜"干扰

保持对经验的敬畏

比较多种相关现象

发散思考

得特别简洁有力。

其实，理论悬置是做实地研究的常态。哪怕是经验丰富的研究者，悬置理论，保持对经验的敬畏，也是必要的。任何调查研究，都有理论和方法的指导；这些理论和方法只是提供了认识经验现象的视角和路径，并不能代替经验本身。只有对经验的复杂性有足够认识时，理论才能从悬置的状态走出，最终"出场"。

3. 步骤

实地研究法最核心的特征就是身体在场，实地研究法就是现场工作法。基于此，实地研究法大概有入场、在场和退场三个步骤。

（1）入场

怎么入场？在教学式的社会调查中，很多初学者都是稀里糊涂就入场了。因为，这种入场是不需要初学者准备什么的。其实，对于成熟的研究者来说，入场也是很随意的，并不需要刻意准备。但是，作为一个科学研究活动，实地研究的入场是有学术意义的，有它的科学性。笔者梳理了一下实地研究的入场方式，大概有四种。

一是转身式入场。这种入场方式笔者不知道如何学术化表达，就用一个日常用语吧：转身。这种入场方式指的是研究者调查和研究自己已经在场的社会现象，把身份角色稍微调整一下就好。"转身"其实是转变角色，从一个普通人，转变成一个研究者。好比说，我作为一个高校老师，我来研究高校的学术活动。我不需要刻意找一个田野去入场，我的工作单位就是我的田野，某种意义上，我在开展研究之前就已经在场了，甚至还有了一点体会。

其实，在学术史上，这种转身式的调查研究很多。比如自传体研究，很多名人或普通人写自传，都是一种转身式的田野工作。很多自传写得很好，传主并不是简单梳理自己的生命历程，而是把个体生命历程置于时代中去考察。你看上去他是在叙述，但是这个叙述在回答某个命题——这个命题源自传主对潜在读者关心的话题的判断。比方说一个军事家传记，他就会叙述某个战役是如何组织的，其决策的依据是什么，战场形势乃至于国际国内的政治军事形势优势如何？一个政治人物写自传，大体是他自己要对历史有个交代，那么就涉及他是怎样理解政治、理解时代的。具体到一些历史事件，他是怎么理解的？总归，传主作为当事人，为读者了解某些事件提供了难得的内部视角，他本人也成了被研究的对象。从宽泛的意义上讲，高质量的传记有自我民族志的特征，传主有很强的自我剖析意识，也能够处理自传写作中的主客关系问题。传主在晚年的时候回顾自己的一生，穿越到他的小时候，回到某一个历史事件，其实现在的他和过去某个历史场景的他，已经是两个人了。传主在转身时，是跟他内心对话，也是跟生活中的他对话，他把自己客体化，当成了研究对象。

此外，社会学史上很多研究自己家乡的作品，也算是转身式的入场。宽泛意义上讲，费孝通的《江村经济》也算是转身式的入场。江村虽然不是他老家，但和他老家很近，并且，他的调查是他在他姐姐家养伤时完成的，几乎等同于研究自己的家乡。还有林耀华的研究，基本上也是属于家乡社会学研究。《金翼》之所以精彩，很大程度上是因为他身在其中，很多细节是体会出来的，不言自明的。

转身式的入场意味着研究者熟悉研究场景，是本文化的研究。这种入场没有中间人，自己转身就进入了。转身式入场是一种很典型的实地研究方式，研究者经过一定的学术训练，基本上都可以做到。概言之，转身式入场的研究，关键不在于选择哪一个调查地点，而在于转变自己的身份，把自己的生活场景对象化。《江村经济》之所以经典，不在于江村有多特别，而在于作者把江村对象化了，成为人类学史上研究本文化和现代文明的范本。

二是闯入式入场。"闯入"意味着调查者对进入现场并没有提前做充分的准备，是以一种突然的状态出现在研究现场的。闯入有两种方式：偶然或有意识的。

偶遇的闯入，指的是研究者在进入现场之前没有做任何准备，现场并不是研究者有意挑选的，而是现场本身的吸引力引导研究者参与介入。比如，很多研究者在某个地方可能开展的是 A 研究，结果 B 研究对象闯入视野中，然后研究者选择研究 B 现象，这也算一种闯入。这种情况很普遍，很多人的研究结果和研究设计完全不一样，原因就在于实地研究本身有很多偶然性，会偶遇很多议题。比如，怀特在研究《街角社会》过程中，其最终呈现的文本和其开始的研究设计，已经完全不一样。

事实上，实地研究本身就有开放性和偶然性，研究者需要接受偶然。我们通常说，"处处都是田野"，说的就是这种"偶遇"。研究者如果是一个有心人，任何一个闯入进来的议题，都可以做研究。并且，很多偶然的事件，可能不是规划的，而是可遇不可求。一个调查研究者肯定不是依靠偶然的运气去获得学术成就，但能否抓住那些偶然的有意义的议题，却是一种能力。

严格控制下的田野工作几乎是不存在的，多多少少都有"闯入"的感觉，都有偶遇的特点。哪怕进入了事先选择好的地点，但研究者未必就在那个地方研究其最初设想的话题。闯入一个完全陌生的地点，偶遇一个未曾预料的主题，都是实地研究中的常见现象。闯入的特点是没有中介，也没有入场准备，研究者跟研究对象面对面碰到了。现场研究最重要的特点是身体在场，身体在场的主要表现就是研究者跟研究对象是面对面的。怎么碰面？闯入就是偶然碰面了，时间、地点等都是没有约定的。

有意识的闯入是指研究者有意识地去碰撞现场，尤其表现在对有一定封闭性的一些特殊群体、特殊行业的研究上。举个例子说，如果我们要研究政府机构，要找到某个关键报告人，但又没有途径。怎么办？直接闯进去找人就完了。笔者团队以前做调查的时候，依靠的都是同学、朋友等私人关系，这种关系进入村庄没问题，但没有官方关系，到地方政府机构有一定困难。但村庄中调查到的某个问题确实又很重要，要找相关的领导获得权威信息，实在没办法就跑政府机构里去找人。有好几次，我们团队的博士生在实地调查的时候，直接就跑到县政府大院找到了副县长，竟然还成功了。副县长还接待了他们，饶有兴趣地探讨有关话题。笔者前些年在贵阳调研出租车行业的时候，也没找到好的中介到道路运输管理局调研，后来也是直接闯入，顺利访谈了出租车科的领导。

其实，有意识地去碰撞，本身就属于现场工作的一种类型。碰撞出来的信息，往往更具有爆发力，能把一些隐藏信息呈现出来。一般而言，很多参与式的调查，尤其是特殊场所的参与式的调查，闯进去的效果会出乎预料。武汉大学社会学院田雅馨的硕士论文做的是工厂女工的研究，她就是属于自己去碰的。她在选题的时候，并不清楚怎么开展调研，研究主题有哪些内容，唯一可以确定的是参与式调查。我们商量后，觉得用"有意识的闯入"这种方法入场最好，从找工作开始就进入研究状态。她就把自己作为一个普通的女工，从找工作到进入工厂工作，完全不依靠别人，结果发现了非常有意思的现象，如中介的陷阱、女工的圈子、非典型雇佣关系等，这些情况都和文献阅读以及自己的想象完全不一样，调查研究的过程就特别有火花。

所以，闯入式的入场方式是现场工作非常重要、也是非常好的一种入场方式。"闯入"本身也是属于现场的一部分。好比田雅馨的研究，在闯入的开始，就在确立女工的身份，她在找工作那一刻就开始了，而不是进入了工厂后开始。如果有个人介绍她入场，可能她就体会不到就业市场里的许多道道。

也因此，闯入式的调研其实更有深度，也更能体现全息性。因为有意识的闯入往往是带着情感去的，当调查者以普通女工的身份去找工作，结果被坑了，本能地感到气愤，但也真真切切地见识了"城市套路深"。当调查者以普通女工身份在工厂工作时，天天在意的肯定是柴米油盐，唯一目标就是赚钱，包吃住和不包吃住是两码事，一个月能上几天班非常关键，否则，时薪再高也没用。当你是个女工时，你就得有姐妹，否则在工厂这个陌生人组成的、又是高度流动的环境里，怎么相互照应？换一句话说，如果调查者只是访谈，而不是闯入式的调查，将自己的身份完全转变过来，调查者其实很难和研究对象"共情"。只有亲身体验，才能体会出工人对工资、工厂组织、劳动力市场和人情世故的看法。

所以，类似有意识的闯入式的调查研究，其全息性已经到了心灵内部，这种研究可以不用刻意依靠资料来说服别人，调查者仅仅依靠感觉，依靠调查时磨炼出来的心境，就能够把一些关键议题摧枯拉朽地、自然而然地论证出来。我个人认为，依靠经验的质感，现场的力量进行论证，是最有说服力的。其实，叙事一直是最常用的论证方式，而叙事的核心是什么？除了我们通常所知的故事，其实最重要的是引起读者的"共情"——这个共情，可以来自理性的资料，也可以来自情绪的带入。

有意识的闯入是经验训练里最直接有效的方式。我们团队的调查训练其实是有经验教训的。最开始的几届博士生，因为上面没有师兄师姐带着，调查密度又大（每年至少一百天），老师也不够用。并且，那时也没有那么多的官方渠道可用，就基本上靠自己去闯入去调查。结果证明，这些闯入式的调查训练，虽然粗糙，但效果却不差，大家都有经验质感。但随着师兄师姐的增多，有经验的老师的增加，官方渠道也越来越多，调查也就越来越规范，组织也越来越精细，结果，训练结果和预期是有差距的。一些博士生因为总是"跟着"调查，很少有独立调查的机会，也没有"闯入"的劲头，爆发力就受影响。所以，我们现在要稍作调整，让闯入式的调查多一些，每一个调查研究者都应该有独立直面未知经验的勇气，这样才能迅速训练经验质感。

闯入式调查也是容易失败的。但就调查训练而言，其实失败的调查也弥足珍贵。笔者也有一些失败的调查经历。有一年在山西调查，是山西大学的常利兵老师介绍的。常老师很热心，介绍到一个有煤炭的村庄。但我们一进村就感受到无形的压力，村民在晒太阳聊天，见到我们就立马闭嘴，几十双眼睛就盯着我们，接待我们的村民说村支部书记派人跟踪了，我们去哪里，说了什么，他都知道。我们后来换了一个村，是常老师自己老家村庄。但村庄中的派系斗争严重，找人访谈都困难。结果，我们也没有深入下去。严格说来，我们这次调查不算是"闯入"的，毕竟还有引荐人。但因为引荐人不在场，所以就近乎是"闯入"了。

其实，在闯入式的调查研究中，哪怕失败的经历，也属于经验，最后也会转化成经验的质感。就笔者的调查经验看，这次山西农村的调查其实很重要，它真正让我见识了一个内部分裂、又利益密集的社会，呈现出一个什么样态。当然，这次调查也给我上了一堂社会课，你的调查对象不接纳你，其实是正常的，就好比你闯入一个陌生的地方，别人友善或敌视，其实都属于社会事实。

三是引荐式入场。引荐的意思是，调查者要找到一个连接自己和调查对象的中间人。一般的引荐人，只负责入场，如把调查者带入某个现场，然后他就撤离了，调查活动的开展得依靠调查者。但有些引荐人是地方社会的精英，不仅可以带入场，还可以介绍很多关键报告人。大概而言，引荐式入场主要有私下或公开两种类型。一种就是私人化的引荐方式，一般来讲只有引荐人知道调查者的身份，调查者可以不公开自己的调查者身份，以普通人身份进入现场。比如，我们去调研的时候，有时候说自己是学生，是某个人的朋友，来体验生活的，这可能就足够和访谈对象建立信任关系了，不需要长篇累牍地介绍调查的伦理规范之类的。

以普通人的身份进入田野，是一种常见的调查方式。很多研究议题不适合公开地去调研，但这些调查对象可能也是你的朋友，或者朋友的朋友。那么，我们就以朋友的身份调查这些事，也是可以的。比如，一些纪律性比较强，也存在一些敏感问题的机构，正儿八经去开展调查就不是很合适。但我们以非正式的身份接触相关事务，和相关人员探讨有关问题，其实是没问题的。再如，一些相对敏感或本来就不太适合公开操作的问题，如官员腐败问题，哪怕是在纪委，别人也很难正儿八经和你谈潜藏在里面的核心问题，但如果是非正式的身份，一些内部人反而可以提供别样的认识。

还有一种是调查者半公开或者全公开自己的调查者身份，甚至调查者有意地通过身份的公开，和调研地点、调研对象建立信任关系。比如，现如今大学生实践活动很多，大家都多多少少了解大学生调研是什么情况。所以，学生如果真去调研，直接介绍身份就行了，大家也接受。

引荐的本质就是跟调查地点和调查对象建立联系，引荐人在某个地方的关系网络，受信任的程度，会直接影响调查的开展。所以，是否公开自己的身份，其实是可以权衡的。如果引荐人无比强大，他的关系网络就够调查用了，调查者用私人身份就行。

但如果引荐人在地方上的关系网络一般，而自己的身份又有利于和调查对象建立信任关系，那么，公开和半公开身份是可以的。

四是官方入场方式。官方意味着什么？首先意味着公开，其次意味着正式。调查者是以公开的身份进入现场的，且在现场的调查工作也是人所共知的，潜在的，其工作也是受到约束的。

以正式身份入场。很多地方政府和高校建立了校地合作关系，是机构间公对公的关系，调查者是代表机构下去履职的。所以，这种调查一般都会正式发函，明确双方的权利义务关系。调查者一般也是借助于行政系统的权威开展调查。比如，我们可以事先联系好县，让县里面帮忙选一个乡镇，然后乡镇又帮忙选村。到了村里，还可以让村干部帮忙安排好后勤，一开始也可以让其帮忙联系关键报告人。

我们团队的暑期集体调研，因为带有教学任务，涉及人员比较多，调查计划的严肃性也比较强，尽量不能出意外，差不多都是以官方入场方式开展调查的。一般而言，官方渠道最有信誉保障，也最为稳定，关系也最可靠，约束力也比较强，哪怕出了意外也好处理。当然，一些不可控的情况，那也没办法。

哪怕是通过官方渠道，调查者也可以采用半正式身份去开展工作。比方说，通过到地方政府挂职锻炼的方式开展调研，就是常用的调查方法。调查者一方面有行政职务，另一方面又保持了调查者的身份，这种双重身份让调查者有了成为局内人的优势。

但是，官方渠道也有一定的局限。很多情况下，我们在开展田野工作的时候，反而要尽量减少官方色彩的影响。毕竟，以官方的身份出现，调查对象也会以官方的方式来对待你，这反而屏蔽了一些真实信息。

（2）在场

入场完以后就是在场。在场其实就是记录、整理、分析、理解调研对象。入场基本上是围绕调研信息展开的。信息的获取和处理，有四种方式。

第一种方式是观察。观察就是以局外人视角去看调查对象，尽量避免干扰现场，最好保持现场的原生态。其实，很多入场方式都可能带来现场的变化，多了一个观察者，现场生态就改变了。比如，以官方渠道进去的，大家知道调查者的"官方"身份，那么，调查地点的社会结构就多了一重力量，调查对象也会呈现出平常不一样的面貌。在这个意义上，卧底式的参与式观察有极大优势。它可以保留调查现场的原生态，看到最真实复杂的一面。

笔者认为，并不是所有的调研都要有意识地控制现场，但调查者得清楚访谈对象这样对待你，背后受了哪些因素的影响，调查者得有自觉意识和反思能力。比如，调查者以官方的身份开展调查工作，别人以官方方式回应你，如现场经过了"布景"，这是没问题的。调查者只要清楚，自己获得的信息是官方的信息，有这个判断就行了，没必要非要改变现场。当然，如果有机会以私人的身份进入现场观察，然后有个对比，那就再好不过。

我们在观察的过程中，尽量不要干扰现场。有些人为了获得自己想要的信息，甚至是有偏向的信息，故意制造一种可以支配现场的假象，如有意无意地表明自己可以为当地带来什么好处，诱导对方提供自己所需的信息。抛开学术伦理不谈，这种做法虽然可能达到了调查者的目标，但这些信息因为受到了干扰，未必就是真实有效的。所以，调查者在观察的过程中，要有明确的边界意识。

在观察的过程中，对观察到的信息尽量不着急下判断。我们看到的信息都是有限的，都要综合别的信息来做出判断。所以，观察其实是很考验一个人的耐力的，时间要足够长，事情也有变化，从不同的角度去观察，事情有不同的面貌。所以，我们还得考虑用不同的角度观察，最后把事情的原貌拼接出来。

最典型的观察就是把调查者当作摄像机、录音机、计数器。作为初学者，做一个有心人，做好观察记录，至关重要。比如，一个城市的便民服务设施，座椅、花坛、公园等，它的利用率怎样？这些通过观察记录是可以做得到的。再比如，笔者前些年在做小贩研究的时候，一个基础工作也是计算不同时段、不同空间小贩的布局，以及一些关键路口的人流量，不同摊位的流水，这也是经过观察获得的。今天是人工智能时代，很多人类行为都自动留下了痕迹，我们通过挖掘数据，也算是另一种观察。

第二种方式是访谈。按照教科书的分类，分为结构化、半结构化和无结构访谈。

结构化的访谈跟问卷调查有点接近了，基本信息和标准化的信息是可以用结构化的访谈获得的。我们刚开始进入一个调研地点的时候，要对这个村庄、社区、机构等有一个情况了解，那么我们做一些结构化访谈是可以的。笔者访谈的时候有一个习惯，基本上会把每一个访谈对象的家庭结构图画出来，这样有利于理解访谈对象和地方社会的基本状况。不过，在实地调查中如果只用结构化访谈，那就有点可惜了，可惜了好不容易获得的"现场"。结构化访谈因为只能做一些基本情况的了解，也就不可能太深入。

一般说来，一个比较高质量的访谈，用半结构访谈是比较合适的。半结构化访谈有比较确定的访谈主题，有一些需要掌握的基本信息，有访谈框架。调查者可以根据访谈的实际情况，灵活调整框架里面的访谈内容。半结构访谈有很强的延展性，比如说我们本来是希望报告人提供 A 信息，但访谈过程中报告人对 B 也很熟悉，他谈到 A 信息时也提及了 B 信息。那么，一般而言，我们可以顺着报告人把 B 信息了解清楚。从抓取信息的角度来讲，半结构化的访谈所获得的信息是有不确定性的，不是标准化的。

再有就是无结构的访谈。简单来讲，无结构访谈的研究议题有开放性，访谈主题也有很强的不确定性。无结构访谈其实是很难的，也是少见的。比如，笔者经常被问，最近研究什么课题，在哪里做调查？我说，我没有什么特别的课题，调查都是常规的，全国到处跑。一般人其实不是很理解。但对于我们团队的同仁而言，是很容易理解的。我们是以调查为业，研究并不是为了完成某个特定的项目课题，只是为了理解经验。所以，我们用得最多的是无结构访谈。"见人说人话，见鬼说鬼话"，一切经验的话题，我们都有兴趣去了解；只要访谈对象愿意谈，我们就愿意交流。

对于一个专业从事社会调查研究的学者来说，无结构访谈是一个非常好用的方法。因为，某次无结构访谈获得的信息，可能会在下一次访谈中触及，酝酿几次，研究者对这方面的问题有了认识，心中也有了框架，那么，接下来的关于这方面议题的访谈，就变成半结构了。最后，如果研究者对某个问题有很强的把握，乃至于对经验的内部结构都熟悉无比，那访谈就变成了类结构化的了。因此，访谈的结构化程度，跟研究的深度是有关系的。对专业研究者而言，哪怕是无结构化的访谈，最后也可以把访谈的信息结构化。对于一个有经验的调查研究者而言，哪怕是非常结构化的访谈，他也可以把它变得无结构，可以把很多差异化的信息提炼出来。

从访谈的技巧，尤其是从访谈者与被访谈者的关系来看，也有三种访谈的类型。

第一种是支配式的访谈。访谈者完全支配议题，掌握访谈的流程，掌握话题。相应地，被访谈者是一个被支配的对象，处于被支配地位。被访谈者只是一个信息的提供者，访谈者才是信息的主宰，他们之间建立了一个支配结构。这种访谈具有单向性，问的人主动，回答的人被动，一问一答，收集资料。最典型的支配式访谈就是问卷调查，这种支配结构，也注定访谈过程几乎不可能出现意外信息，获得的只能是标准化的信息，甚至是预料之中的信息。

有些访谈者没有转变身份角色，就很容易出现这种情况。比如，上级官员为了了解基层实际，下去调查，结果还摆着领导的架子，让受访的基层干部有极大的压力。甚至于，如果基层干部提供的信息不符合其想象，还可能被"逼问"，这就非常不好。在这种情况下，受访者肯定处于消极被动的状态，他的自我定位就是信息的报告人，而不是信息的拥有者和解读者。

第二种访谈方式，也是最合适的访谈方式，就是平等式访谈。访谈者跟被访谈者之间在一个具体的访谈场景里面建立了平等关系，不存在谁支配谁的问题。所以，每次访谈的开场介绍很重要。比如，我们去一个村子调研，我们得自我介绍，让人受到尊重。多数情况下，我们还得客气一下，比如耽误了别人的时间，总得表达一下歉意。然后，说明来意，表明自己是学习者，是向被访谈者请教。在现实环境中，我们是优势群体；但在访谈场景中，我们放低姿态。这样，就把平等关系建立起来了。一旦被访谈者接受了这种平等关系，让他觉得访谈的场域里面，他跟访谈者的地位是一样的，他就能够发挥。但是，如果我们访谈的是一个社会地位比我们高的人，放低姿态就不存在了，直接交流就完了。

一个有经验的访谈者，应该会自然而然地处理平等的访谈关系问题。在平等的访谈关系中，最好的访谈方式是引导式的。最好，访谈者起一个话头，然后被访谈者按照自己的理解介绍情况。在介绍的过程中，访谈者有困惑的，或者觉得有必要进一步了解的，再稍微引导。到最后，还可以抛开细节，就如何认识某一问题，进行对话交流。

第三种访谈方式，也是最不好的访谈状态是反支配式的访谈。很多没有经验的调查者，在访谈过程中被调查对象支配了，被被访谈者牵着鼻子走，甚至于被访谈者反而成了访谈者，反过来问访谈者问题。这相当于现场失控。通常情况下，出现这种情况，还是要采取控场措施，比如，把话题引导回来，至少建立一种平等关系。但如果建立不起来，干脆撤销访谈，也是可以的。

如果说观察的核心是信息的完整性和客观性的话，那么访谈的核心是对信息的理解。对信息的解读要通过现场访谈来完成。我们在跟访谈对象交流的时候，尽量获得完整的信息，同时还获得被访谈者对某个问题的理解。并且，可以不断对话和交流，把潜藏的信息挖出来，获得在地化的理解，这就达到了深度访谈的效果。深度访谈的深度指什么？不在于说获得的信息有多丰富，而在于对信息本身有了比较透彻的理解。

在场的第三种方式就是座谈。这可以说是访谈的另外一种情景，是一对多或者多对多的访谈。把座谈会单独列出来，是因为它比一对一的访谈更加开放，问题比较开放，信息是可以现场比对的。访谈者把一个话题抛出来，A是这样认为的，B是那样认为的，C又是这样认为的，可以现场就完成多角度的认识。

座谈会的要求是比较高的，访谈主题要特别明确，访谈对象要和主题相关。座谈会是有组织的访谈，邀请哪些人、时间、地点，都得有提前准备，有些座谈会甚至还要有一些资料的准备。当然，座谈会也可以是临时组织话题，碰到了，几个人刚好在一起，临时组织访谈也是可以的。这种座谈会可以是讨论式的，形式更活泼，议题更开放。

在场的第四种方式就是参与，社会研究方法里，参与式观察是很常见的。但是，参与跟观察其实还是两种方式。要做到真正参与，需要满足四个要素。

第一个要素是身份转换。从调查者转变成调查对象的一部分，是参与的表现。比如，笔者之前研究城管执法的时候，是以协管员的身份进去的，天天跟着中队长参与城管工作。这样，自己就成了一个内部人，以内部视角去看城管执法的问题。

第二个要素是体验。参与的关键是进入现场，和研究对象共同去做事，形成内部视角，以研究对象的角色身份去思考问题。某种意义上，判断实地研究有没有深度，一个非常重要的标准就是是否形成了内部视角。

第三个要素是洞察。从参与的过程当中洞察到隐蔽的信息，获得隐蔽理解，很重要。一般用观察法、访谈法和座谈会，只有经过对某个问题的长期的跟踪调查，才有可能在"念念不忘，必有回响"中出现"蓦然回首，恍然大悟"的理解。参与是容易产生洞见的。在参与中，有可能出现全息研究的状态。洞见是不言自明的，有些事你要访谈别人，别人还不好讲。但是，你参与以后，他也不隐瞒你。比如，笔者参与的某次调研，涉及单位的"小金库"。当时国家已经在治理"小金库"了，这是违法的。但是，这个机构历史上留下了一点积累，且现实当中单位的一些意外支出，上级还没办法解决，只能让"小金库"继续运转。"小金库"的具体情况，只有单位一把手和财务知道。笔者作为一个外人，哪怕是参与了，顶多也只能和其他成员一样，模模糊糊地知道"小金库"的存在。你要去问，他也不回避，但确实也不好细说。但作为调查者，又不能回避，这就需要依靠洞察，理解"小金库"在组织运作过程中起到的关键作用。

还有，我们在做社会调查的时候，经常会涉及被访谈者的一些隐私，尤其是别人的伤疤，没必要正儿八经地去问，否则就会破坏现场。在笔者的调查经历中，碰到过很多次被访谈者在访谈过程中哭起来的情况，这是因为访谈话题触及了他的敏感之处。

一方面，我们可以说这种访谈很是成功，把别人的真情实意都流露出来了。但另一方面，这也提醒调查者，话题应该到此为止，一些信息体会一下就行了，没必要非要别人说出来。有些经验不是很丰富的访谈者，很可能在不经意间破坏现场。比如，一些宗族地区的老年人是有香火观念的，有些被访谈者因为各种原因没有儿子，而访谈养老的时候，访谈者又不断追问对方的子女赡养情况，这就非常尴尬。有些被访谈者有一些不光彩的经历，不愿意多谈，那么，点到为止即可。

归根到底，洞察意味着同情性理解。访谈者要理解被访谈者，主要依靠共情。有了共情，这种微妙之处就体会到了，也就有了洞察。

第四个要素是沉浸。笔者认为，参与的最高境界就是沉浸，调查者跟田野融为一体了，这是非常彻底的参与。其实，田野工作者是否放下自己的身份，放下自己的价值偏见，完全融入田野里面去，决定了调查有没有深度。

要是总把自己当成研究者，目的性非常强，就是为了收集更多的资料，没有彻底放开自己，无法和研究对象打成一片，那么，沉浸的状态几乎是不可能出现的。反之，如果我们少点功利性，和调查对象打成一片，自己就成了田野的一分子，获得的信息是比较充分的。

（3）退场

最后一个步骤就是退场，有几个工作要做。

第一是跟介绍人要有一个关系的清理。如果调查的时候用了别人的关系网，退场的时候要做一个"了断"，这个"了断"不是说没关系的意思，而是说要做一个清理。有些关系我们可以继续维护，以后可以继续交流相关话题。尤其是对于长期从事调查研究工作的学者来说，这种关系维护其实非常重要，他本身就是经验质感的来源。笔者的调查经历里，几乎每到一个地方调查，最后都会和对方保持联系，有些甚至转化为生活中的好朋友。有些问题不懂的时候，这些曾经访谈过的朋友，就可以提供启发。

其实，退场后仍然保持联系，就意味着你有调查研究伦理，你不会利用他们；这种关系会反馈给你的调查对象，别人也乐于和你继续交流。笔者认为，调查研究其实没有那么复杂，其实就是普通人之间的交流，以人之常情去处理关系。朋友之间，得有信任，以相互不伤害为底线，以相互帮助为原则，这就够了。调查不是一锤子买卖，好像一次调查完了，把论文写完了，然后就和对方一刀两断了。从学术伦理的角度上说，我们甚至还需要在自己的研究成果中对介绍人表达感谢。

第二是跟报告人之间也要有关系清理。有些访谈对象，可能访谈过一次，然后就握手拜拜了，权且称作即时清理。有些报告人，因为特别善于表达，也愿意接受采访，多访了几次，还很投缘，变成学术上的朋友也可以。在调查的过程中，报告人和访谈者之间有正式的职业关系，但是访谈完了以后，是可以建立日常关系的。并且，这种日常关系，多半也是有助于调查的。比如，别人愿意私下和你交流，说明他可以对访谈场合中说的话负责；一些工作场合不太适合说的话，私下场合也会说。

第三是还原现场。离场说起来很简单，其实不简单。我们离

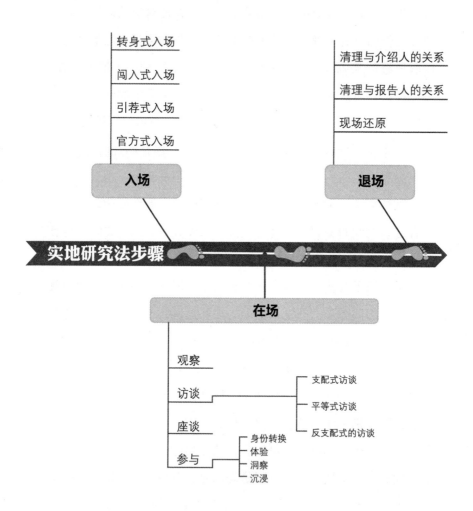

开了现场，但它会构成田野经验的一部分。比较好的离场方式是，研究者虽然身体不在场里，但这个现场已经转为一个理想型的田野，存在于研究者的经验里。当研究者在另一个地方开展田野工作时，这个田野会被重新激活。

所以，离场完了以后要在后续研究中还原现场。我们要把所有调查过的人物、事件，重新编织起来，变成一个理想型的经验图景。这就好比说，每一个作家，其作品都有某个地方的文化意象。比如，陈忠实和路遥，其作品的意象是陕北，莫言作品的意象就是高密。一个作家，只要构筑了一个文学意象，作品就有了味道，且可以源源不断地生长出来。同样，一个学者，如果成功构筑了某个研究议题，或某个地方社会的意象，其研究也很难没有想象力。费孝通先生的很多研究，无论是解放前的，还是改革开放后的，都是以苏南地区作为参照的，这是他构筑乡土中国意象的基础。同样，华中村治研究团队的成员，几乎都在荆门农村受过田野训练，江汉平原是我们理解转型中国农村的非常重要的经验基础，我们也就在区域比较的基础上构建了东西南北中国的图景。

07

基层研究操作策略

走向田野，理解中国。

1. 从基层产生知识

（1）循证治理与实证研究

现代国家的一个重要特点是要依靠"循证"来开展治理活动。"循证"治理强调，任何一项决策都需要有实证依据，按照科学规律开展治理活动。那么这就涉及一个问题，循证如何开展？专业性依靠谁支撑？依靠的是专家、知识分子。

治理活动的"循证"特征，源于现代国家本身也是工业社会的产物。工业社会组织和技术潜在地改造了国家机器。国家机器变得越来越精细，治国理政活动也越来越复杂，仅仅依靠传统的人文知识，依靠意识形态和道德教化，不足以应付国家治理的需要。所以，现代国家的治理是一项极其专业的活动，需要各种专业知识的支撑。比如，为了提高治理活动的合法性，得有一些政治学的知识；为了提高行政效率，行政管理的知识也不可或缺；要掌握国家的人口、土地等资源，统计学的知识必不可少；要提高国家的财政能力，就得有经济学和财政学的知识。今天，"社会治理"是国家治理的重要组成部分，国家需要了解基层实际。

长期以来，社会学的专业功能就是通过开展社会调查研究，掌握社会运行的规律，更好地解决社会问题。某种意义上，社会学是最接近基层，也最容易和底层群体产生共鸣的专业。并且，社会学号称是实证科学，其专业知识自然是循证治理的重要支撑。

但是，如何理解社会学者的角色，保证社会调查研究的知识具有专业性，却是迫切需要解决的问题。知识分子是一个单独阶层，脱离了工农等劳动阶层，却和其他社会阶层保持着密切联系。很多学者有鲜明的情感立场，却未必符合知识分子的角色定位。

二十世纪末到二十一世纪初，学术界出现了"三农"研究的公共学术运动，来自不同学科的学者都参与其中。有些学者在研究过程中强调自己出身农村、有上山下乡等经历。其潜在意思是，他们了解农村，为农民说话，以此强化研究结论的说服力。但是，学者通过确认自己的出身，而不是通过论证研究的科学性来获得研究价值，其实有悖实证精神，也很难为循证治理提供依据。

社会学的一个重要研究领域是群体研究，这对社会学者提出了尤其高的要求。很多人在做群体研究时，不自然地陷入了"为某个群体说话/代言"的状态中，这是对学者角色缺乏反思的表现。实际上，学者的主要角色是国家与社会的"桥梁"，要通过专业研究，在劳动群众和国家的治国理政之间建立联系，实现社会整合。一方面，要让治国理政符合社会实际；另一方面，要让社会大众能够理解治国理政行为。

学者本就是社会大分工的产物，在现代社会中，只是扮演一个"桥梁"的角色，因此也别把自己看得太重。客观上，和传统知识分子不一样，现代的学者并不具有天然的权威，哪怕是在知识生产领域也是如此。一方面，在现代社会，几乎每一个社会阶层，都产生代表其利益的知识和知识分子；另一方面，学科分化越来越大，专业分工越来越细，知识分子早就不是独立而自治的共同体。在大多数情况下，"思想市场"是真实存在的，学术话语的竞争也是知识生产的常态。

但是，一个整体的现代知识分子，是循证治理所必需的。现代社会需要学者，源自学者可以提供专业知识。而专业性体现在什么地方？体现在从专业的角度把真实世界的逻辑揭示出来，在知识传播和理解中凝聚社会共识。成为一个建设性的批评者，揭露社会的阴暗面，批评不接地气的治理行为，寻找让社会更加美好的可能性，这是学术研究的出发点。

基于此，近代中国社会科学建立的过程中，发生了一场"走向田野"的运动。从二十世纪二三十年代开始，中国知识界发生了从传统人文知识到现代科学知识的转型运动。哪怕是文学、艺术等领域，也被赋予了"循证"的意义。比如，判断一个文艺作品的好坏，不再是少数精英是否喜欢，而是取决于是否有利于启蒙民众，是否为大众所认可。知识分子跟劳苦大众相结合，知识生产跟普通民众的生产生活相结合，是人文知识转向实证研究的基础。

所以，"走向田野"塑造了中国学术的品格。今天，社会对学术评价的标准有高度共识，我们评判一个研究做得好不好，常见的标准是"接不接地气"。学术研究通过"实证"反映基层实际，在循证治理中发挥作用，是其社会价值所在。也是在这个意义上，开展基层研究有必要性。

（2）群众路线的知识生产方式

知识分子和工农大众相结合，是中国共产党人领导知识界的一条重要原则。在特定的历史时期，它也是知识分子改造的重要方法。其实，从学术生产的规律看，这种群众路线的知识生产方式，本质上是面向实践，经验本位的学术生产方式。

改革开放以来，中国社会科学逐渐走上了专业化的发展道路，提倡用专业语言和知识生产体系来研究论述相关问题。哪怕是在改革开放初期，很多学科如社会学、政治学还是以发展马克思主义的理论和方法的名义恢复重建，但其真正做法却是"西学东渐"。专业化之路是社会科学重建的必经之路，知识分子回归学院进行专业化的规范的知识生产，亦有特殊的历史背景。

问题是，西方的理论、概念拿来之后，如何和中国实践相结合？这是单纯的专业化知识生产所不能解决的。即便是在今天，理论和经验"两张皮"仍然是社会科学知识生产的障碍之一。人们往往习惯于从专业化的思维去看待这一现象，以为是专业化不足导致的。但更重要的原因很可能是我们偏离了实践社会科学的基本规律。我们其实并未真正深入经验、深入中国实践，而且我们根本就没有意识到。借用贺雪峰教授的一句话说，"麻袋上绣花，再怎么着也不可能精细"。没有扎实的基层研究和经验基础，怕是不太容易做出能对实践有解释力的知识成果。

近年来国家和知识界都在倡导中国学派。在笔者看来，近代以来最典型的中国学派非毛泽东思想莫属，最大学术团队其实是中国共产党。为什么这样讲？这是因为，无论是在学术上还是实践中，中国共产党创立的理论已经溢出了政策话语，在专业的学术领域具有创见性。群众路线作为毛泽东思想的精华，符合中国人的史观。

群众路线有立场，是非常独特的和西方不尽一致的人民主体的立场。现如今，为人民服务，"群众无小事"，都是治国理政的基本原则。"群众"这个词，在实践中非常明确，并不虚无。评价一件事做得好不好，根本指标也是"群众满不满意"。

群众路线有一套完整的关于对中国的政治运转的系统论述。在这个角度上，群众路线本身是自主知识生产的一个非常重要的标本。非常有意思的是，这个标本不是社会科学工作者创造的，而是中国共产党在治国理政实践中创造出来的。中国共产党本来就是一个学习型政党，它本身具有知识生产自主性，实现了马克思主义与中国实践相结合。

群众路线作为自主知识生产的一个成果，对社会科学的研究很有启发意义。社会科学研究是有立场和价值的。今天，价值中立已是社会科学研究的一个基本准则。在具体某个研究中，这也许没错。况且，它也契合了中国共产党人的实事求是传统。但是，社会科学作为一个知识生产体系，某个理论或概念作为解释和改造现实世界的力量，却很难回避价值和立场问题。

群众路线提供了一个样本，好的理论、立场、观点和方法是可以统一的。比如，群众路线的第一个层次是讲群众观点。知识的生产者很清楚这个理论是为了干什么。它要回答的是谁是朋友，谁是敌人？简单说，群众在哪里？这样，我们才能理解

《湖南农民运动考察报告》《中国社会各阶级分析》等经典文献的"学术价值"何在。

毛泽东主席当年写的很多调查报告都是光辉文献，原因是这些经典文献不仅回应了实践问题，还融入了群众观点。因为这些文献是有现实意义和价值关怀的，所以研究是有力量的。按照今天"理论市场"的竞争法则，理论的科学性和价值取向似乎是对立的，似乎有价值诉求的理论往往就会丧失科学性。但在知识生产的过程中，理论跟实际相结合并不是一个形而上学的问题，恰恰是要在实践中解决的问题。

群众路线是一种科学的治国理政方式。过去，我们主要依靠观念和意识形态进行治国理政。官员只要学好儒家经典，不需要其他专门知识，就可以做一个好官。即便知识分子没有当官，回到村里也是乡绅，可以治理好基层社会。群众路线的产生意味着，治国理政仅仅靠观念和意识形态是不够的，还要靠社会科学的知识和方法。

它在两个方面体现得比较明显。第一，世界上几乎没有哪一个执政集团把调查研究当成政治合法性来源，只有中国共产党是这么做的。长期以来，党和政府的决策过程中，领导干部调查研究是关键一环。习近平《谈谈调查研究》说到，我们现在要拓宽调查渠道、改进调查方法，要坚持过去的蹲点调查、解剖麻雀等方法。但是为什么今天社会科学足够发达的时候，还要大兴调查研究，要求领导干部要亲自调研？原因在于，调查研究是密切联系群众的方式。一方面，可以通过和老百姓保持联系的方式，形成治国理政的经验质感，提高决策水平。另一方面，领导干部在调研过程中和老百姓保持联系，本身就是建立信任、提高党和政府公信力的过程。

第二，群众路线有机融入了国家治理实践中，是政策科学化的保证。"从群众中来、到群众中去"的无限循环，和议程的设置、决策、执行、评估、反馈、监督等政策循环是完全匹配的。

从这个意义来讲，群众路线既是一个社会科学理论，可以服务于实践需要，也是知识生产的有效路径。知识分子和工农大众相结合，不仅是立场使然，亦是"走向从实践出发的社会科学"的内在要求。

我们做经验研究的学者都知道，很多政府官员都看不起不接地气的学者。在实践者看来，知识界的一套专业术语和实际差别有点远。这种状况，是好，也不好。好的是实践界的自主知识生产能力比较强，所以政策生产有其逻辑。从不好的方面来看，现如今的政策实践太复杂了，实践界特别需要智力支持，但是知识界无法提供。因此，学术界的失职越来越有可能制造政策风险。

这些年，一部分知识分子脱离了群众、脱离了实践，没有分析，只有价值和立场的表达，遭到了社会的唾弃。而真正的公共知识分子应该是走群众路线的，他们有专业知识，又跟基层群众相结合，可以用专业的知识解释和改造这个社会。

（3）基层研究的意义

当今社会够复杂的，其复杂性不在于出现了许多光怪陆离的现象，而在于它的底层架构在重构，这只有通过大规模的，深入的基层研究才能解释清楚。

学术研究也存在供给侧和需求侧。从供给侧的角度看，基层社会里的很多人群，我们从来没有去认真研究过；很多的议题，我们也没有去深入理解；很多机构及其所做的事，我们也没有去正儿八经地分析过。实际上，学术界看起来很庞大，也很光鲜亮丽，理论成果层出不穷，但的确也高度内卷。一些议题，连边边角角也研究完了，以至于学者自己都觉得没得研究的了；但还有相当多的，极其重要的议题，却从未开掘。

从需求侧的角度看，循证治理需要大量的基于深入调查的经验研究，也需要从经验中抽象出来的理论指导。但学术研究的供给不足，导致治国理政过程中，很多政策出现了很多意外的后果。普通民众的日常生活跟治理实践之间有个巨大的鸿沟，这要知识分子去做桥梁。

我们国家有个很有意思的地方，它每一个部门都有自己的研究机构，大的机构有专门的研究所或研究中心，小的机构会设一个研究室，他们都在自己职责范围里研究重要政策问题。这是优势，但也有局限性。其优势在于，每一个职能部门对自己的职责履行情况，一些重要的政策问题有清醒认识，但局限性在于，这些研究机构强化了部门的本位主义视角，导致部门无法从基层、从系统看待自己的治理活动。

有些机构，比如城管，长期以来都是地方各城市自设的机构，并不存在一个统一的垂直管理体系，这也导致机构的职责始终没办法专业化。也因为专业化不够，没办法跟大众充分勾连。

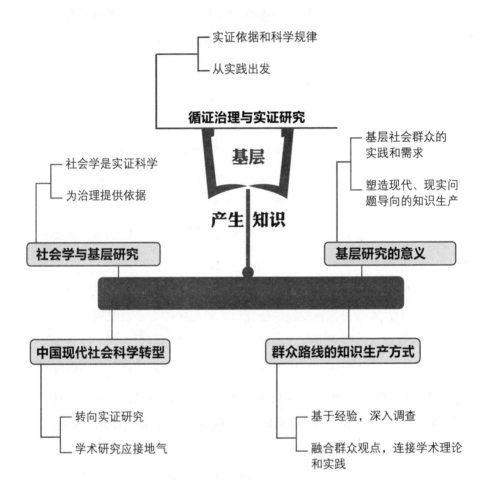

实证依据和科学规律

从实践出发

循证治理与实证研究

基层

基层社会群众的实践和需求

塑造现代、现实问题导向的知识生产

社会学是实证科学

为治理提供依据

社会学与基层研究

产生 知识

基层研究的意义

中国现代社会科学转型

群众路线的知识生产方式

转向实证研究

学术研究应接地气

基于经验,深入调查

融合群众观点,连接学术理论和实践

城管基本上就没有自己的研究机构，导致其长期被社会不理解，在行政体系里面也无法获得足够的资源支持。

但客观上，城市管理需要这类机构，这就要靠学者去研究。笔者做了很多年的城管研究，现在也一直在跟踪调查，甚至通过城管，也看到了街头执法、基层社会的复杂情况。笔者的感受是，这是自己学术成长的一个机会，也是让学术变得有价值的机遇。我们有机会通过自己的研究去触摸中国社会底层架构的变动，能够让大众和治国理政的行为之间建立有机联系，通过公共知识的生产促进社会共识，算是一种幸运。

当学者跟基层社会和普通民众融为一体时，学术有利于理解（不一定代表）基层群众后，知识就具有了公共性。客观上，知识的公共性既来自专业研究，也来自其对社会的反馈。所以，基层研究是专业知识公共性建构的必由之路，也是学者变成有机知识分子的有效路径。

基层研究塑造了一种自下而上、由内而外的一种视角。和传统的知识生产不一样，基层研究是一种非常现代的知识生产方式，它是从实践中来，然后回到实践中去的，是从经验的内部提问题的。唯有如此，才能把社会的毛细血管研究清楚，把社会的整体图景呈现出来。所以说群众路线的知识生产和传播，一方面塑造了知识分子的公共性，另外一方面塑造了一种全新的研究路径。

基层研究有一个很重要的特质，就是知识不是特权。这里面有多层含义，我们在调查研究过程中，我们跟研究对象之间是平

等的，我们的专业知识并不一定比别人强。在基层研究中，我们
尤其能够体会到，学者只是社会分工的结果，并不掌握知识的霸
权。这也客观上告诫我们，我们在主观上也不应该有特权意识。
毕竟，知识生产最终还是要造福社会的，它不是服务于某个特殊
的利益集团，而是要真正服务于人民群众。

2. 基层与基层研究

（1）基层是什么

基层是什么？从基层治理研究角度看，它是政治学（公共管理）和社会学两个学科领域的交叉。

从社会学的视角看，基层指的是"基层社会"。什么叫基层社会？通俗地理解，社会是一切社会关系的总和，表现为各种日常生活的场景，比如家庭、村落、社区等。社会不存在高层、中层，因此，基层就是社会，社会就是基层。

但对于我们国家而言，"基层社会"又有特殊的内涵。"社会"是一个现代概念，在西方具有市民社会的内涵，意指和政治相对应的，存在于国家和个人之间的广阔的自治领域。近代中国思想界引入"社会"概念，是基于理想国家和理想社会的改造产生的。新中国成立后，在党的领导下，基层政权、群众性自治组织以及血缘地缘等社会关系相互作用，组织了居民的生产生活，逐渐型构了"基层社会"样态。

所以，我们今天理解的基层社会，有复杂内涵。一方面，它是指人们在日常生产生活中，通过社会交往自发形成的生产生活秩序。这种自治的秩序，很多情况下还会以习俗、组织和制度的形式稳定下来。比如，民间的庙会、标会、理事会等，都是基层社会的重要构成。另一方面，如今的基层社会，也有极强的建构性，它是现代国家建构的产物。比如，城市的社区居委会、农村的村民委员会，既是群众性自治组织，也是国家治理体系的有机组成部分，国家要通过基层组织来开展社会治理。在这个意义上，基层社会和基层组织是相互塑造的。

从政治学或公共管理学的角度看，基层指的是基层政权，这是相对于中层、高层等上级政府组织而言的。在行政体系中，县和县以下基本上就是基层。为什么这么说？因为从"界面"的角度看，县和县以下的政权组织和社会面是重合的，县乡两级政权的工作界面是在街道、村落、社区等基层社会中，其工作对象也是可以面对面接触的。而县以上的政府活动，除了极少数情况下要直接和社会面接触外，大多数治理活动都是在行政体系内部发布指令，并依靠基层政权去执行的。概言之，我们对基层政权的理解就是，治理活动和社会生活同在一个界面里，治理活动主要是规制社会生活，而社会生活也反过来塑造治理活动。

进一步解释，为什么县和县以下是基层政权？这是因为，它们的治理活动是要直接处理事务的。基层政权的治理活动主要是执行，直接处理事务，而不是制定政策这种政务活动。传统上，县官是事务官，地方的税收、治安、教育、赈灾济贫、兴修水利等，都要直接处理。

基层政权需要在"现场"处理事务。基层的治理活动跟社会生活密切相关。基层政权也是一个科层体制，各个科室也有办公室，工作人员也需要在办公室"办公"。但是，他们更多的治理活动是在办公室之外，在田间地头、工厂街道等"现场"，需要走村入户解决问题。上级领导到"现场"，那叫"视察"，是服务于办公室工作的；但基层政府在"现场"，那叫"做事"，办公室工作是服务于现场工作的。

这些年基层也发生了极大变化。有些情况下，县、乡两级也够不上基层政权的性质了。比如，有一些事务到县一级就不和基层社会接触了。这些年，很多县级职能部门都将职能下放给乡镇，部门只承担督促、检查、评估、考核的职能。其结果是，县级部门其实已经机关化了，只做办公室工作，不再履行具体事务，它也就没有了基层的内涵。甚至于，很多乡镇也慢慢机关化，和基层社会保持了距离，脱离了基层社会。今天的乡镇政府很大一部分行政力量在做内务，很多行政工作村级组织承担了。甚至于，很多村干部也慢慢行政化，越来越脱离群众，脱离基层，一些具体事务依靠临聘人员。

所以，"基层"是基层社会和基层政权互动的产物。基层政权的定义，取决于政权组织是否在社会生活中开展治理活动；而基层社会的形态，也取决于基层政权管辖的方式。今天，基层社会在变化，基层治理也在变化，这就需要认真研究。

（2）什么是基层研究

一般而言，基层研究指的是以基层特有事务为研究对象，或以基层作为研究单位，研究一般事务的研究活动。笔者个人理解，基层研究是关于普通人、普通事、普通地方的研究，具体怎么理解呢？

很多学科从其诞生之日起，就是研究精英的，宏大的话题，研究基层是非常晚近的事情，是在"基层"浮出社会，学科范式发生转化以后，小人物、日常生活才成为重要研究议题。但是，社会学自它诞生之日起，就是研究社会生活，研究普通人的。比如，在芝加哥学派里，"职业"被认为是现代城市重要的特点，理解城市，就要理解各行各业。因此，它要研究各行各业中的普通人。

在传统社会里，乞丐可能不是一个职业，而是一个"兼职"。农民在农业收成不好的时候，就变成了流民、乞丐。但在城市，乞丐可能是职业化的，这个行当有其规范，乞丐也专司乞讨，并不做别的。做一个"好"的乞丐，得有识人的敏锐性，得对城市的空间和人流有一定的了解，还需要和同行竞争。从普通人入手，可以理解现代社会的一些基本特征。

普通人研究的一个关注点是关于边缘群体的研究。这是社会学研究领域一个很有意思的领域。既然是研究边缘群体，那就非得在基层开展工作，要在日常生活里面去理解，所以社会学的主流研究其实是基层研究。

虽然研究对象是普通的，但是研究议题或者研究的指向未必是普通的。比如，边缘人群的研究，其真正的含义可能在通过边缘来看主流，从边缘看到中心。毕竟，社会是中心–边缘结构构筑的，研究了边缘，自然就理解了中心，以及整体。比如，通过研究贫民窟来研究城市布局和现代城市的发展规律，这是芝加哥人文区位学派的通行做法。

所以，普通人的研究成了基层研究的一个重要的抓手。当前，各个专业都将普通人纳入了研究视野，比如，政治学要研究普通人的政治，历史学要研究"小人物"，经济学研究街头小贩，这些都汇聚成了基层研究。

基层研究往往研究普通地方，比如，村庄、工厂、家庭等，都是基层研究的切口。街角是非常普通的地方，但跟我们的生活世界紧密相联，街角社会也成了一种理想型的社会形态。但凡是人们日常生产生活的地方，都会纳入基层研究的视野。比如，在互联网时代，互联网已经成了人们生产生活的一个重要场所，技术塑造新生活方式，微信、抖音、淘宝等，也就成了基层研究的一个部分。

在基层研究什么呢？一般而言，基层研究的是普通的事务，比如说我们研究普通人的生老病死，家庭生计、家庭再生产、社会交往等。普通的事务说到底就是人们的"日常"，它是普通的，但并不是不重要。恰恰相反，从日常现象切入，更能理解宏大议题。

（3）基层研究的三个路径

我们将基层研究看成"普通"的研究，这也就意味着，其研究场域在基层，研究议题是日常可见的，田野工作是基层研究的通常操作路径。具体而言，从"普通"切入，基层研究从以下三个角度切入。

一是群体研究。现代社会的一个重要特点是，社会分化越来越大，新职业也越来越多，很多群体其实都还处于研究空白状态。哪怕是传统的研究对象，如工人、农民、知识分子，群体构成以及特征也发生了极大变化。有些群体的研究文献汗牛充栋，但真正深入进去，却又发现这些群体的画像特别模糊。比如，农民工的研究很多，但不同代际的农民工，不同行业的农民工，不同性别的农民工，甚至来自不同地区的农民工，差异实在是太大，这种差异性如果不去正确认识，就会极大影响总体判断。

比如，一代农民工是怎样的？他们为什么到了退休年龄，还要急于出去打工。城市里的建筑工地的农民工，为什么主要是一代农民工？为什么一代农民工和建筑工地农民工之间，会形成稳定的匹配关系？工地是一个小社会，不同的用工方式，会产生不一样的秩序。还有，很多工厂和农民工之间，雇佣关系越来越不稳定，工厂依靠人力资源中介招聘工人，工人的流动性极大，这在何种程度上塑造了农民工画像？再有，随着平台经济的发展，很多农民工进入了看似自由、实则约束极强的行业。有些老行业因为平台的介入，发生了极大变化，雇主和农民工之间也产生了非常多的不确定关系。

其实，今天已经不存在一个统一的农民工画像，因此，这些看似"老套"的群体研究，恰恰是研究的盲点。而正因为缺乏对农民工的实证研究，不太了解这些农民工的画像，导致有关部门有时候做决策时没有充分的循证依据，出台了一些看似是保护农民工权益，实则是损害他们利益的政策。

群体研究的对象比较明确，且大多数群体我们是可以接触的，如果把各个社会群体都研究清楚，大概就可以描述出社会结构。中国社会科学院政治学研究所的房宁老师谈到他的研究心得，提到了"拼图法"。他说，研究其实不是规划出来的，往往是碰到什么研究什么，有什么机会就去抓住，认真研究它。最后，你会发现，你所有的研究最终会变成一个拼图，形成一个整体。比如，你研究了十个政治学课题，十个研究对象，写了十本书，那肯定对中国政治运转有深刻理解。同样，如果我们对各社会群体都有深入研究，描绘中国社会图景是可能的。

二是机构研究。现代社会某种意义上就是一个组织体系，是各种各样的机构组成的，比如工厂、政府、商店、协会等，这些机构有正式的，也有半正式的和非正式的。我们把机构研究清楚了，就可能把行业与这个机构有关的人群研究清楚了，进而对社会有整体认识。

三是议题研究。研究机构或人群，可能都涉及某项议题。比如，我们去研究越轨青少年，表面上是研究某个特定的青少年群体，但指向的是一般性的社会越轨议题。社会是由不同的事件构成的，比如生、老、病、死等生命事件，在微观上可以透视个体的生命历程，中观上可以理解家庭和社区是如何保障家庭再生产的，宏观上则可以理解"生命政治"的形成。

在我家乡，过去还没有火化的时候，"起柩"，把棺材抬上山的那一刻，意味着生死离别，亲人都痛苦异常。但现在，火葬场成了一个生死交界点。这说明，国家在代替社会，重新安置了死亡秩序。火葬场是一个特殊的机构，死亡是一个重要事件，理解了这些机构和事件，才能真正理解中国人的心灵和生命观。

在现代社会，如何安置人们的心灵，是一个重要议题。但是，国家一般都把丧葬看作是一项"社会事务"，用世俗化甚至是行

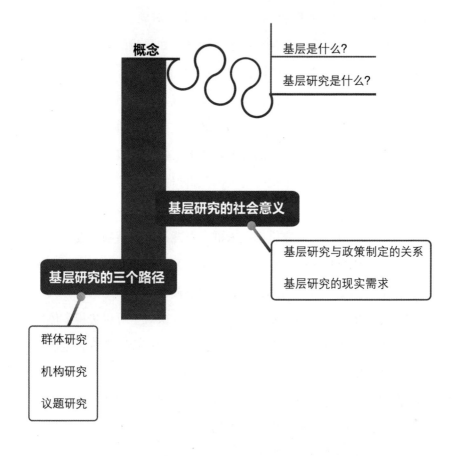

概念

基层是什么?

基层研究是什么?

基层研究的社会意义

基层研究与政策制定的关系

基层研究的现实需求

基层研究的三个路径

群体研究

机构研究

议题研究

政化的思维去思考问题。国家关心的是死人是不是和活人抢地，丧葬仪式是不是铺张浪费，政策考量的出发点都是死人让位于活人。但是，如果换一个视角看，活人对死人有什么需求？在民间，逝去的亲人往往是家庭的保护神，他们在地下不得安宁，亲人在世上就不得安生。民间的丧葬仪式，历来是地方社会中最隆重，也最严肃的场景，因为这不仅关系到面子等世俗问题，还关系到灵魂安顿等宗教问题。如果这样看，我们就不应该那么激进地推行火葬等政策。

其实，类似议题非常多，都涉及社会的长治久安，以及人心的安定幸福，但很可惜，它们都还处于未开掘的状态。在多数情况下，基层研究和日常生活是密切相关的，每个人的生活都和特定的人群、机构和事件联系在一起，宏观和微观是存在内在勾连的。所以，我们看上去是在做基层研究，但回应的却是宏大问题。基层中发现的问题，和每一个人都息息相关，也和大政方针相关，非常需要研究。

现如今是基层研究的黄金时代，因为社会处于巨变之中，随便一个议题都值得探讨，随便一个人群都需要画像，随便一个机构都值得剖析。

3. 基层研究何以可能？

（1）基层研究的特征

基层研究有三个特征：可达、可嵌入、可理解。

首先，基层研究具有可达性，研究者跟研究对象之间是可以直接接触的，研究者可以接触到群体、机构和事件。因为是可达的，所以可以面对面开展访谈，参与研究对象的日常生活。研究的对象是可以接触的，这中间就涉及非常多的研究方法的问题，如怎么样取得信任，如何成为研究对象的一分子。调研的最核心的一点是，完全放掉自己，别有包袱，直接去接触对象。做田野调查有意思的一点是，它在大多数情况下是非预期的结果，就是一个"冒险"，调查过程和结果都是控制不了的。

但是，调查研究的热情恰恰是源自这种不确定性，研究创新也源自意外发现。只要我们能够确定可接触到调查对象，那么，研究就可以开展。

其次，基层研究的场域是可嵌入的。比如，笔者在鲁磨路做过几年的街头研究，这个场域我是可以嵌入进去的，无论是以街头管理者的身份，还是以小贩的身份，抑或就是一个普通市民的身份，都是可以嵌入这个街头的社会网络中去的。

很多研究，比如研究国防、军事、中央决策等，普通研究者几乎不可能嵌入。并且，这些机构或议题，哪怕你嵌入进去了，因为保密等原因，也不可能开展调查研究工作。因此，很多学术研究，研究者是无法面对面接触，也不可能进入现场的，只能依靠文件档案、公开报道等形式开展研究。

基层研究的好处是，因为做的是"普通"的研究，研究者是很容易进入场域中去的。哪怕是有一定门槛的研究，研究者也可以利用一些机会嵌入进去。《街角社会》里，作者连团伙组织都可以嵌入；《美丽的标价》中，作者也可以通过亲身做模特，进入这个特殊行业。纪录片导演周浩在我母校福建武平一中，拍了我高三班主任所带的一个毕业班的纪录片，叫作《高三》，完全嵌入进去了。事后，我老师说，他拍的一些片段，如学生晚上偷偷溜出校门打游戏的事情，连他都不知道。他还拍了县委书记和市长的纪录片，中间有官员骂人、官商勾结、行贿受贿的画面。在这个意义上，"普通"也是相对而言的，只要研究者抓住机会，不普通的场景也可以嵌入进去。

大家可能觉得团伙组织很"黑"，处处都有秘密，也不想接触外界。但我也接触过一些团伙组织，嵌入后发现，其实团伙也没那么神秘，它在表面上也是一个企业组织，也要采用正规的制度进行管理，只不过，有些产业处于灰色地带，为避免风险，得采取一些非常规手段。

在实践中，根据研究议题，可以深度嵌入，也可以轻度嵌入。从研究的角度来讲，深度嵌入和轻度嵌入并没有高下之分，只有合适不合适的差别。轻度嵌入差不多就是通常意义上的参与式观察，研究者进入了研究对象的场域，也参与了研究对象的一些活动，但并没有成为对方的一分子。我们去一个村庄调研几个月，甚至一年，最终还只能说是轻度嵌入。毕竟，我们再怎么着也没有成为村民，别人也还是把你当作客人。而深度嵌入，则差不多是研究者具有了研究对象的身份和角色，参与研究对象的所有活动，甚至其行为逻辑也和研究对象一致。比如，研究者跑到一个工厂打工几个月，工厂老板和同事并不知道其真实身份，别人就把他当作一个普通工人来看待，完全是无差别对待，研究者也获得了工人的身份，这差不多就是深度嵌入了。

最后，基层研究的事件是可理解的。基层研究的事件基本上都是日常事件，无论是研究者，还是其他读者，都可以产生代入感。哪怕是那些专门领域，比如人大代表选举等政治活动，一般人并不了解其制度运作，但是它毕竟是一个社会权利，在日常生活里面也是可以理解的。笔者在理解选举制度时，时常用村民选举经验来对照，如选举中的派系、组团竞选、贿选、上访、贴大字报、拉票、候选人的推选等，这些生活中触手可见的例子，完全可以去理解那些看似复杂、正式和抽象的选举政治。

（2）如何到达基层？

我们从日常活动出发，大多数事件是可以还原的，也是可理解的。那么，如何实现呢？

一是通过体验和共情。真正好的基层研究文本其实不是很多，我想一个最重要的原因是和基层没有共情，在基层的体验不够。多数调查研究太过于依赖技巧，太过于依赖外在的条件。但所有深入的调研，共同特点都是全身心投入，并不依靠技巧，而是依靠"态度"。那些以闯入的姿态进入田野的调查，效果都非常好。武汉大学社会学院 2023 届硕士毕业生，有几位在硕士论文调查中都是以闯入姿态进入田野的，最后，论文就写得非常有感觉。比如，田雅馨写女工，她自己找工作去了好几家工厂做工；任亮亮写建筑工人，他也自己和建筑队打成一片，在好几个工地生活体验；张壮写城管，他就自己去街道口找小贩，和协管员、小贩建立联系，最终成为他们的局内人；王波写派出所，虽然进场的时候有引荐，但最后也是他自己和派出所领导、民警建立非常好的私交，看到了常人没看到的东西。他们只是硕士毕业生，前两年都在读经典，在做硕士论文调查之前，也只是经历过几十天的田野训练。按照饱和经验的标准，他们调查技术只能算是入门。但是，他们竟然就以一个近乎田野"小白"的身份，以初生牛犊不怕虎的心态，去田野里实践。

但凡是独立去闯，以闯入的姿态进入田野，通过体验和共情（而不仅仅是收集资料）写作的论文，都非常好。好就好在，这些论文都有独到的田野发现——这个发现，未必是调查者通过艰苦的理论思考获得的（当然，他们都有理论思考），却是田野调查过程中经验现象自动呈现出来的。那些呼啸而来的经验现象，迫使调查者必须做出呼应，必须有解释。这种论文，怎么可能没有发现？相反，学界过去的很多田野调查，都过于依赖既有经验，缺乏田野调查的独立性，也很难有闯入的姿态，在田野中的体验和共情就不够，很多田野发现都依赖于同行，依赖于文献，几乎不可能出现喷薄而出的田野发现。

所以，基层研究需要闯一闯的心态，突然闯入某个场域里去，把自己放在研究对象面前，让自己和田野发生碰撞和火花，从而激发自己的思考。偶然碰到的事件，我们去理解它，想想背后的道理，从而到达经验的内部。

体验和共情源自突然的闯入。陌生的经验突然闯入我们的生活世界里，或者我们突然进入了陌生的世界，造成非常大的冲击，不自然地要共情。其实，在调查研究中，我们之所以能对某件事情进行理解，不单单是因为我们了解这件事情的前因后果，我们在事实层面上把它搞清楚了。更重要的是，对读者来说，这件事之所以可理解，是因为事实背后潜在的情感洪流。假如说我们只是把事情搞清楚了，却无法和事实本身共情，那么我们顶多就是一个调查员和资料员的角色。

但是，如果我们捕捉到了事实背后的价值基础，且能够让读者信服，那么，我们是一个合格的研究者。这个过程是，我们理解了这件事情，并且把我们的理解灌输到材料的整理过程中，我们成了一个讲故事的人，我们写作的文本就可以和读者共振。我们在田野工作中，研究者、被研究者、旁观者（读者）等身份角色不断互换，来回穿梭，到达经验的内部。

体验和共情最关键的是同理心，调查者要理解调查对象的思维和行动逻辑。一个人，一件事，其发生逻辑是什么，有什么样的价值观，是什么样的底层思维架构在塑造？利益、情感、事业，或者是别的？所有这些，通过深入交往就可以体会得到。所以，基层研究中的体验和共情也没那么复杂，就是从一个普通人的角度，去理解，按照实际解读出来而已。

二是观察和分析。体验和共情某种意义上是解释主义或人文主义路径，那么观察分析基本上就是实证主义的路径。在这个路径中，研究者在某种意义上就是一个旁观者，他虽然置身于现场，甚至也参与研究对象的活动，但最终目的还是观察。作为一个旁观者，调查者是用外部视角审视经验现象。如果说体验和共情的关键是同理心的话，那么观察分析的关键就在于论据。所以，通过观察收集资料，依靠资料的完整性，以及把资料结构化、逻辑化分析，就变得特别重要。

三是主客观的交融。田野工作其实是不区分实证路径或解释路径的，因为，对于基层研究来说，体验共情与观察分析之间，是相互融合的关系。只有充分掌握材料，对材料本身有深入分析，才能有共情，其体验也才真实；反过来，如果对材料本身没有质感，没有产生共情和体验，其实也很难有深入分析。

最好的文本呈现是主客观融合在一起，看材料就是看观点和情感，共情和体验也可以落脚到材料里面去。史景迁的《康熙：重构一位中国皇帝的内心世界》，主客观融合到了非常高的境界。这是一部史学作品，所有论述都是建立在史料基础之上的。但其写作，又是以康熙第一人称的视角来写的，甚至还有很多心理活动的描述。史料丰富，富有逻辑关系，一环扣一环，却又能在呈现史料的过程中，让读者能够和康熙共情，说明作者已经吃透了史料，形成了一以贯之的看法。

要做到这一点，其实很难。很多人文主义的研究，虽然观点很有启发，确实有思想性，但总让人觉得不可靠。证据从哪里来的？要说是体验来的，但很多纯实证主义的研究，虽然材料丰富且清晰，却又没有灵魂。文本没有灵魂，也就引不起读者的共鸣，学术价值也就很难体现出来。

所以，好的实证研究，应该做到主客观的交融。一方面，研究者和研究对象之间交融在一起，研究者对研究对象有同情性理解。比如，跟建筑工人在建筑工地上共同工作生活了几个月，我们自己就成了建筑工人，建筑工人的思维习惯、生活方式等，我们都有切身体会。这样，我们写作的时候就不太可能因为受某些理论的影响，或一厢情愿的想法，做出不合实际的解释。

另一方面，材料和材料的解释相互交融。客观的材料很重要，这是社会调查的首要目标。如果说事件的构成，基本要素都没搞清楚，证据不充分，占有的材料很有限，几乎不可能把事件描绘清楚。但是，如果仅仅是占有了充分材料，但对材料本身没有理解，那么材料就没有灵魂，给再多材料也不知道怎么组织。很多人做调查的时候，特别在乎收集资料，拷贝复印很多资料，录音整理很多访谈资料，但最后都没办法转化。原因就在于，材料是死的，而对材料的解释则是活的。没有活的理解，死的材料就没办法清理清楚。

初学者都有类似经历，在写调查报告或论文的时候，经常发现材料不够，不知道怎么写；但材料多了以后，又不知道怎么处理。问题出在什么地方？问题并不在于写作技巧不行，或者理解力不够，而在于调研的深度不够，对材料本身没有理解。如果我们在调研过程当中就对材料有理解，那么使用材料就可以信手拈来。哪个材料放在哪里，说明什么问题，材料之间怎样整合成为符合事物发展逻辑的证据链，都是比较简单的事情。这就类似于史景迁在《康熙》中的写法，是作者的观点和感觉在组织材料，而不是通过材料来证明某个观点。

社会学研究其实很像刑侦学，表面上是拼接证据链，但背后考验的是对证据的理解，尤其是在证据模糊、材料有限的情况下，得确立侦破的方向，把多种可能性都呈现出来，然后再一步一步寻找证据，最后在证据足够的情况下，把证据拼接完整，最终还原成现场。

从 2018 年开始，笔者和"侠客岛"等新媒体合作写了不少时政评论。新闻注重时效性，但这也意味着写作评论时材料肯定是非常有限。通行的时政评论，基本上都是观点和价值的输出，即新闻点只是评论的由头，评论者只是借这个由头输出自己的观点。大多数情况下，这些观点都是大而正确的，这也就避免了翻车。只不过，如果只是重复某些观点，也就意味着评论会陷入思想匮乏，媒体的公共价值就不太能发挥出来。

笔者是按照主客观交融的专业要求写作时政评论的。首先，观点都是建立在既有证据基础之上。但通常情况下，一个证据可能有多种解读，这就需要调动过去基层研究中所积累起来的经验质感，以及类似事件的比对，做出可能性最大的解读。换言之，突发新闻的事件原貌我不清楚，但事情发生的制度背景、社会情境以及相关的法律法规，笔者大概有把握。这样，对事件的定性大概是没错的。

其次，尽量还原事件。对事件的定性只是理解事件的一个框架，但评论要有说服力，而不仅仅是简单的观点甚至是情绪价值

基层研究的特征

可达性

可嵌入性

可理解性

如何到达基层

体验和共情

观察和分析

主客观的交融

基层是如何炼成的？

的输出，重要的是还原事件——注意，这个事件的还原并不是简单的"事实"的还原，还包括各方面对"事实"的理解的还原。实际上，任何一件具有戏剧性，够得上新闻事件的"事实"，往往都具有多重面向，各方面也有不同的理解。因此，还原事件的核心就是在于还原其复杂性。

最后，评论要将专业性和公共性结合起来。抽象地谈道德正义是比较廉价的，把迎合公众情绪当作公共性，也是不合适的。比如，一看到执法冲突事件，就将板子打在执法机关身上，强调"把权力关在笼子里"。这种说法大众喜欢看，也无比正确，但是不是真体现了公共性，就值得商榷。这就需要调动专业性，理解执法冲突的经验逻辑，要把冲突的隐情揭示出来。事实上，让大众认识街头执法的复杂性，以及可能存在的风险，然后让其自作判断，甚至于公众自己去辩论，要比大而无当的批判重要得多。

附录

调查报告示例

1. 当前农村移风易俗突出问题及干预策略

习近平总书记指出，"实施乡村振兴战略，不能光看农民口袋里的票子有多少，更要看农民的精神风貌怎么样"。乡村振兴，乡风文明是保障。必须坚持物质文明和精神文明一起抓，提升农民精神风貌，不断提高乡村社会文明程度。2019年10月，中央农村工作领导小组办公室、农业农村部等11个部门联合印发《关于进一步推进移风易俗建设文明乡风的指导意见》。两年多来，各地各部门围绕移风易俗、提升农民精神风貌、培育文明乡风进行了积极探索，一些地方取得了较好成效。但从笔者的调研来看，多数地方的陈规陋习还是"涛声依旧"。认识当前农村的陈规陋习需要有新思维，移风易俗也要有新方法。

武汉大学中国乡村治理研究中心近些年来在全国各地农村开展了广泛的社会调查，对农村移风易俗中的突出问题和典型做法作了深入细致的观察。本报告收集了闽、赣、湘、鄂、豫、皖、陕、鲁、辽、黔等10省20县的案例，涉及农村赌博、高价彩礼、铺张浪费、厚葬薄养等问题。本报告在已有案例和数据的基础上，描绘当前农村移风易俗的突出问题，分析其产生的原因，并结合各地移风易俗的经验做法提出干预对策措施。

（1）当前农村移风易俗中的突出问题

从调研的情况看，在移风易俗的过程中，全国各地都不同程度地存在一些突出问题，但不同区域存在一些规律性的差异。高价彩礼等问题在华北地区表现比较突出；而人情攀比、铺张浪费、厚葬薄养等问题，则在中部地区表现突出；农村赌博泛滥在中部和南方地区都普遍存在。

华北等部分地区高价彩礼严重，且呈扩散趋势

"高价彩礼"主要存在于华北和江西等婚姻市场（介绍婚）比较发达的地区。这些地区的彩礼普遍在 20 万左右，少数地方可以达到 30 万。并且，最近十年时间，彩礼和婚姻成本普遍增加了 2—3 倍。值得注意的是，有高价彩礼的地区还在继续扩大，一些传统上并没有高价彩礼的地方，也逐渐出现了高价彩礼。比如，闽西一些地区，因受同一婚姻圈内的江西高价彩礼的影响，当地的彩礼金额也在提高。课题组在武汉郊区发现，该地的彩礼金额还不算很高（10 万元左右），但彩礼性质发生了改变，从过去的象征意义转变成了功利目的，群众有极大压力。

表 1　河南省 H 县农村婚姻成本统计表（单位：万元）

名目 金额	订婚	看好	走亲戚	上车礼	三金/ 五金	婚庆	房子	车子	合计
2012	1	0.3-0.5	0.1-0.2	0.2	1	无	20-30	无	30-40
2021	12-18	2-3	1	1-6.6	2	1-2	80-100	10	100

此外，"有房有车"亦成了大多数农村地区缔结婚姻的前提条件。很多地区的婚姻压力并不仅仅源自高价彩礼，而是来自进城购房、买车的"加压"。课题组的调研发现，全国各地的县城房价差异不大，一套县城商品房为100万元左右，即便付首付，也要30万元左右；新车则为10万元左右。我们详细统计了河南H县最近十年婚姻成本的变化（见表1），发现结婚成本增加了2—3倍。该县的"高价彩礼"现象具有典型性，我们在华北其他地区和江西于都等地区的调查，数据差异不大。

值得关注的是，华北地区还存在"冥婚"等习俗，极少数地区在"冥婚"中也存在"高价彩礼"等问题。比如，一些因意外死亡的女性，在"冥婚"市场中有较高的价格。2021年11月，山东汶上县一网红主播死后骨灰被偷配冥婚，引起舆论关注。根据媒体报道，阴婚配成功一单女方家属可得5万—7万元。

两湖平原等地区人情攀比现象严重

从调研看，人情失序问题在两湖平原、武陵山区较为严重，涉及湘、鄂、黔三省。这些地区经济并不算发达，年收入在5万—6万元左右。但普通家庭的人情负担一般都在2万—3万元/年，占据了农民家庭收入的1/3—1/2。对于贫困地区的弱势家庭而言，人情支出是家庭困境的主要影响因素。

图1是贵州S县人情礼金的圈层结构图，当地经济欠发达，但人情负担却极重。某贫困农户是三口之家，孩子才六岁，妻子患有抑郁症，丈夫无稳定工作，年收入3万元左右。但2021年上半年，该户人情开支就达到7000—8000元。该户说，自己家

算是送得少的，"因为家里穷"。

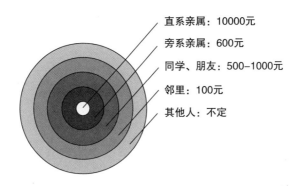

直系亲属：10000元

旁系亲属：600元

同学、朋友：500-1000元

邻里：100元

其他人：不定

图1　贵州 S 县人情礼金圈层结构示意图

人情攀比的主要变化是：一是人情礼金逐年上涨。比如，处于洞庭湖平原的 T 县地区，一般关系的人情礼金从 21 世纪初的一二十元涨至现在的四五百元，上涨了 20 倍左右。贵州 S 县经济欠发达，但人情礼金极大，直系亲属间的人情礼金普遍超过万元。

二是人情名目繁多，酒席频繁。在湘、鄂、黔的部分地区，近些年来的人情名目繁多。除了传统的酒席名目，还有五花八门的办酒名目，如升学酒、立龙门（修围墙）酒、立（墓）碑酒、开业酒。比如，这些地区的孩子只要高中毕业，无论升学与否，都会办一个升学酒；小孩子的生日，周岁、六岁、十岁、十二岁等，都可以办酒。S 县某户人家的母猪下了 18 个猪崽，主人家认为是喜事，也办了一个酒。我们在洞庭湖平原地区调研，一些农户甚至办起了"无事酒"，即只接客但不提供任何理由。T 县某农户为了办酒，在其父亲 88 岁的时候就提前给他办了 90 岁生日酒，理由是"感恩父亲"。但当地村民评价，他在日常生活中对父亲并不孝顺，"其实他兄弟四个，但还让老父亲单独住在一个平房里"。另一村民在 60 岁时没有办酒，为了"回本"，就在 62 岁时办了 60 岁寿宴。

两湖平原等地区铺张浪费现象严重

人情攀比比较严重的地方，也是铺张浪费较为严重的地方，两者互为因果、相辅相成。虽然北方酒席也有讲究，比如陕西 Y 县的酒席需要有"九品菜"（九个凉菜），还要有热菜，一共是 24 个菜。但其他的烟酒消耗比较少，每桌酒席大概为 360 元/桌，"浪费"空间不大。但南方的酒席浪费比较严重，尤其是湖南多地，酒席讲排场、讲"档次"，标准都在 700—1000 元/桌。比如，湖南 Z 县的酒席流行 10—11 个大盘菜。大盘菜的分量足，一份猪肉一般需要 5 斤肉，一份猪蹄有 8 个（一开二），一条草鱼有三四斤，一只整鸡也差不多有三四斤，鸡蛋也要 8 个，浪费极大。此外，南方的酒席都有烟、酒、饮料等消耗品。我们在湖南等地调研发现，烟酒等消耗品占了酒席耗费成本的 1/3 左右。

铺张浪费的另一个表现是，农村举办仪式普遍存在比排场（参见表 2）。在两湖平原的红白喜事中，存在一种制造"热闹"的产品。如鞭炮、拱门、彩球、乐队等，已经成为仪式的一部分。在丧葬仪式中，亲戚前往吊丧，除了要上礼金，还需要送鞭炮、花圈，租拱门、KTV 乐队、地方戏团（如花鼓戏），主要目的是给主人家争脸面。鞭炮放得越多，拱门树得越多，花圈越多，乐队来得越多，则面子越大。在红事中，除了花圈用不上，其他的热闹产品都存在。

表2　湖南T县某户"过寿"情况统计表（2019）

过寿花费（50桌）			人情收入（50桌）		
名目	金额	备注	类别	金额	备注
酒席	50000元	100元/桌,共50桌	至亲	上万元	每桌（10人）的人情收入为3000元
拱门	2400元	80元/个,30个	亲戚	数千元	
花鼓戏露天KTV	2000元	花鼓戏或露天KTV,二选一	好朋友	1000元	
招待	5000元	槟榔;瓜子;烟	邻居	500元	
总计:约6万元			总计:约15万元		

全国各地不同程度存在厚葬薄养现象，部分地区问题突出

从全国的调研情况看，农村已经慢慢形成了"自养"秩序。《2021中国统计年鉴》显示，2020年全国"一代户"（独居、夫妻二人和空巢）的比重较10年前上升15.33个百分点，达到49.5%，说明农村家庭养老功能在慢慢弱化。农村"自养"秩序，在客观上表现为，老年人主要依靠自己进行日常照料，尤其是在经济上，养老主要依靠自己的积蓄、亲戚的馈赠和养老金；在主观上，这些地区形成了一种老年人自己照顾自己的观念和习惯。在两湖平原，农村高龄老年人患病或失能以后，其在日常照料和治疗等方面存在较大困难。一定程度上还存在由此引发的自杀问题。与一般想象不同的是，老年人"自养"或"自杀"，并不是孝道衰弱或激烈的代际冲突造成的，而是一种自然发生的行为。

部分地区有极其明显的"自养"秩序，但对丧葬仪式却极为重视。比如，湖南Z县"厚葬"现象极为严重，一场丧事办下来

需要 10 万元左右。主要原因是丧葬仪式的消费高，当地形成了发达的丧葬产业，包括筵席队、西乐队、花鼓戏队、和尚道士队、哭丧唱孝队、灵堂租赁队、纸人纸屋队、八仙队（中式乐器）、仪仗队、醒狮队、十六大金刚队等，每一个队伍都对应一笔不小的开支。为了显示热闹，烟花爆竹也需要很大一笔开销，一般家庭要花 2 万元左右，条件好的家庭要 3 万元。除此之外，在葬礼现场安装充气的大拱门、狮子和氢气球，也可以给主家脸上"增光"，有的家庭为了显示气派，其亲戚朋友们会送上四五十个氢气球。

北方部分地区也有厚葬薄养现象。比如，陕西 Y 县在移风易俗前，一场白事完整做下来，有 17 个环节，而每一个环节都安排 1—3 人帮忙，耗时耗力。黄淮海平原一带，曾经出现过"丧事上跳脱衣舞"的情况。我们在河南郑州、开封地区的调研发现，当地有较为发达的农村歌舞团市场，每一个歌舞团需要 5000—10000 元。有些人家会请 2 个歌舞团唱对台戏。并且在红白喜事举办过程中，跳钢管舞等节目比较普遍。

南方农村赌博现象普遍，呈现日常化、休闲化特征

农村赌博的区域差异极其明显。北方农村一般都没有赌博活动，我们调研的一些公安机关多年都没有查处赌博案件。但南方的农村赌博却极其普遍。我们在湘、鄂、赣、闽、粤等地的调查都发现，打击赌博是地方公安机关的重要任务。农村赌博形态多样，地下六合彩、牌九、扑克、麻将、地下赌场、赌博机等一应俱全。这几年网络赌博泛滥，部分地区的年轻人也沉迷其中，家

庭因此陷入破产境地。

南方和中部地区的农村赌博已经日常化和休闲化。比如，湖南常德某个普通乡镇（2万人口），却有100家左右茶馆。其中，拥有十几台麻将桌的大型茶馆大概有40家。这些大型茶馆，每名客人一天的输赢在1000元上下。这些茶馆会提供"一条龙"服务，免费为客人提供中、晚两餐饭，免费接送，还帮忙照看小孩。绝大多数有规模的茶馆，都可以提供借贷服务。

我们在闽西某村调研发现，该村共有100多名青年，大多数都接触过网络赌博。其中，共有14名农村青年欠下巨额赌债，少则二三十万，多则三四百万。这些年轻人因赌博而陷入"社会性死亡"境地，其家庭也被拖入贫困状态，有2名青年因赌博导致家庭破裂。

（2）农村移风易俗突出问题的主要原因和干预策略

农村移风易俗中的突出问题，本质上是当前农民家庭正在面临的生活方式危机的反映。进入21世纪以来，中国农村生活方式转型表现突出，乃至于兴起了一场"生活革命"。上文提到的移风易俗中的突出问题，本质上是生活方式转型的"意外"，这些意外以文化失调的形式表现出来。

从总体上看，当前农村生活方式危机是伴随着农村社会发生的剧变而出现的。有一些突出问题具有阶段性，比如，人情攀比和铺张浪费的问题，甚至包括高价彩礼问题，主要是旧的生活方式尚未瓦解、新的生活方式又未形成所带来的文化失调现象。这些问题，再过10年左右的时间，我国的城镇化基本完成之时，自然就会消解。而有一些移风易俗中的突出问题则具有长期性，比如厚葬薄养、农村赌博问题，它们并不会随着生活方式转型而消失。甚至，如果不积极介入、不提前做好准备，这些问题还会进一步加剧。因此，对于生活方式危机，除了继续推进移风易俗活动外，还需要有系统的政策规划，建立长效机制。根据正反经验，我们提出移风易俗的几个对策建议：

移风易俗要和地方性规范有效衔接

有些地方的风俗习惯具有较强的公共性。比如，红白喜事都有地方上的权威人物参与，并且有较强的互助性。我们调研的陕西 Y 县、韩城，山东淄博，河南民权，福建晋江等地，红白喜事（尤其是白事）都有较强的公共性。在这些地方，风俗礼仪的举办都有较强的地方性规范，其规范的实现又有赖于地方性权威。因此，只要地方权威对礼仪流程进行调节，人情攀比、铺张浪费、厚葬薄养等现象就不太容易产生。典型如晋江地区，在地方政府还没有提倡移风易俗的时候，村委会和地方的宗族组织会主动限制人情攀比和铺张浪费的现象。同样，福建、广东、江西、广西等其他宗族性地区，也有较强的地方性规范，哪怕是出现了攀比和浪费的苗头，但风俗礼仪的核心功能仍然会保留。并且，一旦地方政府积极介入，红白理事会就容易建立起来，地方权威就可以发挥真正的调节作用。

移风易俗需要有综合治理的方法

在我们调查的经验中，两湖平原的地方政府对人情攀比采取了非常多的措施，如组建红白理事会、呼吁党员干部带头等，但大多数地方都出现了反弹。比如，2019 年湖北公安县和湖南桃源县都采取了措施治理人情攀比的问题，对红白事的规模进行了限制。湖南长沙县的经济实力比较强，该县在 2019 年甚至还出台奖励政策，办酒 5 桌以下奖励 4000 元，办酒 20 桌以下奖励 2000 元。第一年，这些地区的移风易俗还起到了一定效果，群众办的酒席少了不少。但根据我们最近的跟踪调研，当前这些地方的人情攀比已经恢复到了治理之前的状态。但比较理想的是，通过提倡环保、管理公共交通等方式适当介入，这些地方的铺张浪费得到了一定程度的遏制，如放鞭炮、树拱门等。

移风易俗需要久久为功，总体原则可以采取"党建引领 + 社会自治"的办法。

对于有地方性规范的地方，只要党委政府有文件依据，且发挥基层党组织和党员的战斗堡垒作用，并积极发挥当地有威望的人的作用，就可以产生积极效果。例如，江西崇义县流行看风水，并由此产生了厚葬薄养问题。当地党委政府想要移风易俗，需要找准对象，民政局通过开办风水先生学习班的形式，对当地的风水先生进行政策宣讲，并引导其融入移风易俗工作中。最终当地的移风易俗取得了显著效果。

如果地方性规范不强，原子化程度比较高，也要尽力重建基层社会组织。例如湖北宜昌市夷陵区的普溪河村，当地的乡镇党委政府不仅建立了红白理事会（主要由乡镇人大代表和老村干部组成），还重建了老年人会（以小组为代表，主要由有威望的中老年人组成），由此建立了完整的社会自治组织。客观上，当地的红白喜事本来就有红白理事会和老年人会的成员参加，其监督和引导的作用可以得到持续发挥。

移风易俗要善于利用法律和政策手段

虽然农村赌博等陋习属于移风易俗范畴，但这类所谓的"习俗"都是违法的。因此，对赌博违法犯罪行为，需要运用法律手段坚决打击。我们在调研中发现，只要正确使用法律震慑，赌博现象是可以被抑制的。比如，地方公安机关可以对茶馆的营业行为进行规范。我们在调研中发现，有些地区要求茶馆不能超过 4 张麻将桌，否则就要受到处罚。这一规定，使得茶馆无法规模化经营，也就不可能提供"一条龙"服务，从而对引导社会风气起到了关键作用。

——原文载于《国家治理》周刊 2022 年 7 月上

2. 县域黑社会的生存之道

黑社会是有组织的犯罪集团，因为组织结构较为严密、犯罪手段带有暴力性、反侦查能力较强，使得其社会危害性也比较高。

认定一个犯罪团伙具有黑社会性质是一件非常困难的事，因为即便某一犯罪团伙的社会危害性够得上"严重"，其组织特征也不一定符合黑社会性质。因此，公安机关在打击黑社会犯罪团伙的时候，显得非常困难。在警务实践中，几乎没有一个黑社会团伙是在其内部组织状况被充分掌握的情况下受打击的，公安机关恰恰是从普通社会认知的角度对其侦查、打击，最后以其作为黑社会性质犯罪组织将其清除。

为什么这样说？从理论上说，任何一个"组织"，无论是机关还是企业，乃至犯罪团伙，为了效率，都会很自然地采用等级制、部门制等科层组织的管理手段。因此一个"成功"的黑社会团伙必定是"企业化"运营的。

但是，一旦黑社会团伙达到规范的企业化运营水平，也就意味着它基本上摆脱了暴力等低水平、风险高的谋利手段。而一般的犯罪团伙最多只是松散的犯罪联合体，根本够不上"组织"要件，不能认定为具有黑社会性质的组织。因此，公安机关真正能够认定为黑社会性质组织的犯罪集团并不多。

（1）熟人社会网络

要准确认识黑社会的"生存之道"，需要有一种生态学的视角。

黑社会不是单个犯罪集团，而是由众多犯罪个体、松散的犯罪团伙、有经营头脑的组织者整合而成的体系；黑社会与正常社会之间有千丝万缕的联系，它必定嵌入在市场社会、人情社会、权力网络之间，并从中汲取营养。

因此，一个完整的黑社会体系，必定有一个联系色谱：黑、灰、白等成分都有。犯罪集团生存的秘诀在于，它努力保证其底色是灰色的，而不是黑色或白色。

一个县域社会有几十万人口，但真正有权有势或许只是几百个人。这几百个人里面大概有两三百个科级以上干部，然后有几十个较有影响的各行各业的老板，再有就是几个有头有脸的江湖人士。

我们在县城调研，感触非常深的是：这几百人实际上构成了一个熟人社会网络，相互之间即便不熟悉，也大致了解各自的底细。身处网络中的一个人，如果碰到什么事需要找到网络内的任何一个人，一定可以不费力地找到对方。事实上，我们的调研之所以较为顺利，恰恰是因为获得了这个圈子里的几个关键人物的支持，以至于可以不用过于费力地找到想要访谈的对象。

公安局是一个非常特殊的地方，它是权力的交汇点，也是信息集散地。说它是权力的交汇点，这很好理解，因为它是县城里面唯一合法掌握并可施展暴力的机构。县政府如果要强力推行某项工作，就必定需要借重公安局的力量；而社会中的各方势力如果要顺利活动，也必须有公安局的保驾护航。说它是信息集散地，是因为公安局是唯一可以毫无阻力地接触社会各个角落的机构，它本身就是一个情报中心。

在这个意义上，黑社会的一些情况不可能不被公安局知道。我们访谈了多个公安局的中层干部，在掌握信息上绝对是专业的。关键在于，信息要呈现为无可辩驳的证据。事情就复杂在这里。

一般情况下，黑社会老大不会以犯罪分子头目的脸面示人，他们都注册了公司，或从事一些正当职业，许多老大都是跨行业经营。也因此，这些老板交游甚广，他们肯定可以进入这个县的经济经营的圈子，和正经生意人相熟；他们也会因为从事经济活动的缘故，和地方政府领导、公安部门相熟。事实上，仅仅从生意的角度上说，黑社会老大也必须嵌入到地方权力精英网络中。

（2）产业灰色地带

黑社会生存的基础当然是暴力，但是纯粹以暴力为生的黑社会，则几乎是不存在的。因为，黑社会的终极目的仍然是获取利益，而暴力获利的成本实在是太高。黑社会要长期存在，必须有赖于产业支撑；只不过，其产业利润很大程度上来自由暴力威胁所维持的垄断市场。

从我们的调研来看，在地方社会中，黑社会从事的产业具有一定特点。

黑社会基本上都是草根出身，不太可能出自大资本，也没有多少文化知识，这就注定了这些黑社会性质组织只能从事一些低端产业，比如经营宾馆、娱乐场所，从事建筑等行业。这些产业基本上都是劳动密集型产业，也需要和各方打交道，黑社会因此具有一定优势。比如，宾馆、娱乐场所往往是黄赌毒等黑色产业的聚集地，一般生意人不愿意冒风险。排除干扰的最好办法是，和那些有势力的地方力量合股经营。

再如，这些年城市资本开始大举下乡，各个县城都在搞房地产、工业园区，实力雄厚的老板们做一些资本运作，进行产品营销即可，也不在乎低端产业的一点小利益；但这些高端行业要在地方社会顺利进行，又少不得低端产业的配套。典型如碰到征地拆迁问题，大企业当然不愿意碰这个矛盾，而将相关业务"转包"给那些具有黑社会势力的"拆迁公司"是最保险的做法。我们调研的这个县还没有星级宾馆，但有名的一家宾馆就是一个有名气的混混开的。在征地拆迁过程中，必定有黑社会主动或被动地介入其中。

黑社会从事的产业大多具有一定的垄断性，这个垄断产业或者是由于地域闭塞造成的，或者是由于产业单一性造成的，抑或是由资源稀缺性所形成的。总之，只要稍微要点暴力威胁之类的手段，黑社会便可以方便快捷地控制这个产业。

我们调研的这个县，存在黑社会控制的产业大致有三个：长途班线、米粉批发、土石方工程。

长途班线的营运需要交管所颁发客运许可，这就决定了每条线路可营运的客车数量是相对固定的，客运利润非常有保障。交通局当然只能把客运许可证颁发给具有营运资格的客运公司，可绝大多数客运公司自己并不投资购买客车统一营运，而是让一些大大小小的老板"加盟"，客运公司获取管理费，而客车老板则自负盈亏。有资金实力营运客车的老板不少，但能够有效管理线路的老板却不多。为了避免被滋扰，绝大多数老板都愿意和黑社会势力合股。他们之间分工明确，台面上的老板负责规范经营，黑社会势力维护垄断市场秩序。

2010年，该县交通局引进了十多台出租车，但营运没多久，就被庞大的三轮车市场挤垮了，大部分出租车司机改走长途，尤其是从县城到市区的线路。很显然，这对长途客车市场是个巨大冲击，这几年，两个行业之间的冲突不断。

我们调研的第一天，就发生了出租车司机围堵县政府大楼的群体性事件，原因是一位出租车司机被一位客车乘务人员打了。很多人都心知肚明，这位"乘务人员"的行为是当地黑社会势力授意的。

米粉批发也为黑社会所控制，这多少让人奇怪。不过，仔细分析却也符合常理，因为米粉市场太适合黑社会势力介入"管理"了。

我们调研的这个县喜欢吃米粉，尤其是早餐市场，米粉的销量极大。可以想见，米粉虽然不起眼，但利润却可观、有保障。然而，全县大部分米粉都来自县城几个较为大型的批发店，这就意味着，只要控制了这几家店的米粉销售，全县米粉的垄断利润就容易获得。这就为黑社会势力创造了空间：当地黑社会势力派几个混混上门给这几家店的老板"做工作"，要求每斤统一提价2

毛钱，这2毛钱的额外利润给黑社会。2毛钱的差别，对老百姓而言几乎没什么影响，批发店的老板也没什么损失，黑社会却不费吹灰之力获取了可观利润。于是，当地一些见多识广的人都发现一个奇怪的现象，该县的物价和周边县没什么区别，唯独米粉价总是要高个几毛钱。

土石方工程的利润上升，则与近些年来县城房地产热有直接关系。县城房地产除了一两家外来大资本，很大一部分由本地资本投资。而无论是本地资本，还是外地资本，其大多数下游产业土石方工程都由具有黑社会背景的公司承担。

土石方有两个直接相关的垄断业务：河道砂石开采和拆迁。河道砂石开采是土石方工程的重要基础，之所以容易被垄断，与这一产业的资源稀缺性有关：它同样受到相关部门的严格控制，一般老板难以进入这一领域。至于拆迁业务，大家心知肚明，因为只有暴力才能"突破"钉子户抗争难题。在政府对于越来越慎重使用暴力的情况下，黑社会的非法暴力已经成为一些地产商的依靠。

（3）这一行的两条"底线"

黑社会要长期生存、"发展"下去，需要解决几个问题：一是来自黑社会内部的斗争，团伙之间、老大之间，如果竞争失序，就有可能两败俱伤；二是来自精英网络内的变化，一个老大过于嚣张，或其保护伞意外落马，都有可能招来灭顶之灾；三是来自产业经营的能力，如果经营不善，也可能导致黑社会团伙难以为继。

一般而言，一个地方社会中，总会有几个相互竞争的团伙势力，他们之间呈现出不同的关系。如果只有一个老大，则老大需要处理其内部不同势力之间的关系，也需要审慎处理代际交替危机。如有几个势力相当的老大，他们很可能划界而治，不同的地域、不同的产业由不同的人马控制。

在我们调研期间，这个县的娱乐行业极为萧条，县城中心广场的几家娱乐场所都因生意不好而关门歇业。客观原因是，这两年地方政府严格执行中央八项规定，对于这个内陆县城的娱乐业而言，这无异于釜底抽薪。直接原因是，当地公安部门严厉打击黄、赌、毒，使得这个行业的风险极高。但一个较为重要的原因是，当地黑社会势力在前两年元气大伤，势力最大的团伙老大被抓，他们所控制的娱乐行业当然也再难成气候。

一般情况下，公安局的主要领导（局长、政委）都必须是异地任职，这会对黑社会势力的生存网络造成冲击。如果新局长实力雄厚，且很想有一番作为，当地黑社会团伙要么屈就，稍微收敛一些；要么就想尽各种办法，尽量与其勾连上关系。

在我们的调研中，负责治安的干警和派出所所长就直言，他们刚上任的时候，都有团伙头目通过各种熟人关系前来套近乎、请吃饭。甚至有头目明确请求，每年自愿缴纳一定费用，以让其经营的色情场所少受检查。这当然遭到严词拒绝。除了公安干警无法被收买之外，这个团伙承诺一年缴纳的费用，还不如被抓一次罚的款多。

在公安局内部人士看来，完全将黑社会根除困难重重，因为黑社会所赖以生存的网络很难拔出，要非常艰苦的努力和高超的博弈技巧。

一个管理得当的黑社会团伙，马仔们犯事一定不会供出其小头目，而小头目犯事也不会供出老大，大多数老大被抓进去了，也会尽力保护其保护伞。为什么？这得益于黑社会内部的组织保障机制。

有经验的团伙成员都知道，供出其同伙很难减轻其刑罚，严守秘密却会得到"组织"的奖励：不仅其家人会受到团伙的优待，出来后本人也会受到重用。而老大们之所以不会供出其背后的保护伞，主要是基于维护团伙的生存网络考虑。老大们如果出来还要混，就不可能做出损人利己之事，否则有谁还愿意提供保护？因此，江湖义气并不仅仅是黑社会意识形态，更是团伙生存的技术要求。

前两年，该县最大的黑社会势力被端掉，某种意义上并不是团伙组织失败所致，而是黑社会生存网络剧变所致。这个团伙被端掉的导火索是团伙的一个小角色犯了命案，公安局掌握的证据无法指向团伙老大，但从逻辑上看，这个命案肯定是团伙的"组织"意图。

命案发生之时，刚好新市委书记到任，很快将此案件作为典型，掀起了扫黑除恶的运动。市局和县公安局联合破案，花了很大精力将这个团伙所有犯过的案子整理出来，先以开设赌场的治安处罚为名将"老大"抓起来，然后放出风说这个老大因命案被抓起来了。被抓凶犯信以为真，终于招供了。至此，该黑社会团伙被连锅端，却没有涉及一个政府公职人员。

不过，这个团伙的覆灭虽然不是组织失败的结果，却是技术失败的典型，因为他们破了这一行的两条"底线"：一是不要犯命案，二是不要影响地方政府的中心工作。

只要发生了命案，地方政府很可能将之从普通的刑事案件上升为政治案件来处理；而只要没有命案，就很难有这个可能性。从技术角度上说，黑社会团伙如果不犯严重的刑事案，安全性就会大大增加。

从公安局破案的内部视角看，案件的不同类型决定了破案力度的不同。治安案件和较轻的刑事案件一般由派出所和治安大队管辖，他们办案的技术条件有限，不可能深入追踪普通案件的背景。而如果让刑侦大队来主办案件，则可以非常方便地使用各种刑侦技术（如调取犯罪嫌疑人的所有信息，采取必要的监控措施），很容易掌握案件背景，并挖掘出案中案。理论上，只要刑侦大队不计成本地投入，绝大多数案件是可以侦破的。

因此，老到的黑社会团伙，一般都会尽力避免采用非法手段。即便不得已采用暴力，也会有效规制暴力程度，尽量不发生刑事案件。他们都知道，一旦出了人命，事情就会搞大，后果难以预测。

黑社会团伙也要懂政治。现在一些普通的政治常识已经融入公安局的办案规律中，这个大多数黑社会团伙都知道。比如，在"严打"时期，大多数黑社会团伙都懂得这个时期要收敛一些。一些善于经营的团伙势力，甚至还会主动提供给公安局合适的"战绩"。

但一些更深层次的政治，就要考验老大的智商了。在我们调研期间，县委、县政府的主要领导正下决心把该县的一个黑社会团伙打掉。因为他们在园区建设过程中，干预征地拆迁工作，一方面怂恿村民做钉子户，另一方面又和乡镇政府接触，要求承包园区土石方工程，试图"吃了政府吃村民"。这种染指重点工程，影响县里中心工作推进的做法，等于是在公然露头，挑衅政府权威。结果必然是引发公安机关集中兵力侦查，找到更多有力的证据，加快打击的进程。

——原文载于《南风窗》2015 年第 5 期

3. 社会之癌：一个乡镇的赌博业调查

笔者有几个至亲，其家庭都因赌博而闹得鸡飞狗跳。每到年底，冷不丁不知从哪里冒出几个上门催债者，手拿几张欠条——里面字迹潦草、错别字连连，实在让人堵得慌。或许，很少有时代像如今这样，赌博会和普通农民的日常生活密切勾连。在笔者调研过的多数乡村，"赌博"在最近十余年间已实现去污名化，乃至于和日常娱乐活动纠缠不清；"赌徒"也不再是败家子的同义词，反而被赋予了胆大、豪爽的正面意义。笔者有一个表哥，因在赌场上极其豪爽，一诺千金，所欠赌债说几时还就几时还，竟因此而获得好名声，当上了村主任。然而，因赌博而妻离子散、家破人亡的事例，却更为常见。如何认识今日中国乡村的赌博业态，虽非易事，却是大事。赌博已成社会之癌，不可不治。

（1）乡村赌博业态

笔者调研的乡镇是一个典型的中部乡镇，总人口不到 2 万，共 17 个行政村，100 余个自然村。因地处丘陵地带，人均耕地较少，且无任何工业，乡民们在 20 世纪 80 年代起就开始外出打工，至 21 世纪初形成了"以代际分工为基础的半工半耕"的家庭生计模式。如今生活在乡里的人口，以中老年人及小孩为主，以及少部分在家带小孩的年轻留守妇女。因此，该乡可谓是一个消费型社会，家庭收入主要依靠年轻人（第二代农民工）外出务工。中老年人则在家务农补贴家用。

尽管该乡几无生产功能，集市经济却甚为发达。除了少量几家农资、化肥店，街上全是为乡民"现代生活"服务的商店，包括超市、饭店、家具店、服装店、理发店，甚至于养生馆、五谷杂粮配方点、蛋糕店、快递服务点等，一应俱全。不过，最大的产业当属"赌博业"。

根据笔者的调研，该乡的赌博业态如下表所示：

某乡赌博业态一览表

赌博形态		赌博工具	有无固定时间、地点	参与群体	组织者	利润方式	是否涉黑	数量/家
赌场	"八点场"	老虎机、牌九	无固定时间和地点	赌徒	大混混	抽红、高利贷	是	1
	麻将局	麻将	无固定时间、有固定地点	有钱的中年男子	大混混	抽红	是	1
六合彩	电话等	六合彩	不一定	男女老少	码庄	赔率	否	不计其数
茶馆	大牌	麻将	有固定时间和地点	中年男子居多	茶馆老板	抽红	否	1
	中牌	麻将	有固定时间和地点	中年男女居多	茶馆老板	抽红	否	90左右
	小牌	麻将	有固定时间和地点	老年人居多	茶馆老板	固定台费	否	5

当地的赌博业主要有三种形式：

一是茶馆。准确地说，当地人所称的"茶馆"其实是麻将馆。笔者做了一个不完全统计，单单是在集镇，就有近30家麻将馆。而通常每个村，甚至于每个自然村的小商店，都兼营着麻将馆。如此算来，全乡的麻将馆大概在100家。

茶馆的规模不等。一般而言，集镇上的有七八十台麻将桌，村里的有三四台麻将桌。当地麻将的玩法简单、节奏快速，极易胡牌。每人13张牌，行牌时只能碰或者杠牌，不能吃上家的牌；胡牌只能自摸或抢杠。一般而言，可以事先约定奖码，每奖一个码翻一倍。根据胡牌大小，当地麻将馆分为三个等级：（1）打大牌的，胡牌在20元以上，每盘输赢可在几百上千元；（2）打中牌的，胡牌一般为5元或10元，每盘输赢在几十上百元；（3）打小牌的，胡牌为2元，每盘输赢只在10到20元间。集镇上的30家麻将馆，打大牌的只有1家，打小牌的只有5家，绝大多数皆是打中牌的。

不同等级的茶馆，其消费人群有显著差别。打小牌的均是老年人，尤其是那些在集镇上租房子带小孩的爷爷奶奶们。他们的年龄较大，因带小孩的原因，自己也无收入，靠在外打工的儿子儿媳妇寄钱回来，几无财务自由。这些人打牌纯粹是为了消遣时间。打中牌的则基本上是中年人和留守青年妇女。其中，大概有一半的消费者也是在集镇租房子带小孩的爷爷奶奶们。只不过，他们多属于返乡的第一代农民工，可能因有积蓄，或家里还兼有副业，故而生活开支并不完全依靠儿子儿媳妇的务工收入，有一定的财务自由。当然，也有为数不少的人，日常生活里并无财务自由，却经不住诱惑而超前消费，由此闹出的家庭矛盾数不胜数。打大牌的多是那些在集镇上做点小生意，有一定收入却也谈不上大富大贵的中年男子。他们有一定社会接触面，有些许"面子"，却往往禁不住茶馆老板的拉拢以及狐朋狗友的怂恿而踏入大茶馆，深陷其中直到不堪承受。

在一般乡里人的认知中，茶馆是当地人常规性的休闲娱乐活动，多数人并不认为其具有赌博功能。但是，"赌博"和娱乐之间的界限其实是很模糊的。比如，打大牌的茶馆，普通乡民都认为那是赌博场；但茶馆老板及参与者并不一定认同。那些打中牌的茶馆，对于大部分有财务自由的乡民而言，也算是一个合适的娱乐场所，但如果毫无节制地沉迷其间，其实也算是彻彻底底的赌博心态了。唯有打小牌的茶馆，几无乡民认为它是一个赌博场所。

二是地下六合彩。六合彩在乡里也甚是普遍，其覆盖人群甚至比"茶馆"广，可谓是老少咸宜。"地下"一词主要是从法律意义上界定的；但对于当地人而言，它是再公开不过的赌博形式。每个乡民都可以在邻居、亲戚、朋友那里轻易地找到"码庄"。再不济，他们就到村里的商店去，商店不但兼营着茶馆，也兼着小"码庄"的生意。集镇里别的商店不会做这个生意，但"茶馆"做地下"码庄"的生意却是再正常不过的。

在十多年前六合彩刚到该乡时，乡民们的积蓄很是被扫荡了一番。所有人都知道这是赌博，但奇高的"回报率"却让人欲罢不能，人们总是幻想着自己是一夜暴富的那一位。久而久之，哪怕是曾经一夜暴富的彩民，也最终落得血本无归，人们终于还是不再指望玩过大庄家。但六合彩似乎也有了莫名其妙的极具乡间特色的娱乐功能。一些电视节目，如央视的天气预报、动画片及美食节目，在乡间有极高的收视率。彩民们天天盯着这些节目，希望从节目细节中寻找到有关"特码"的"玄机"。一旦有所发现，就相互探讨，确定一个（或一串）最"准确"的数字下注。如某位彩民意外连续猜中两三期，他必定会成为乡间名人，一大堆粉丝跟着他下注。某种程度上，"运气"这个飘忽不定的东西，竟然在六合彩中具象化了。比如，家中有个老年人80岁去世了，其子孙立马会联想到下一期的开码数字必定和8有关。果真中了，真是冥冥之中自有天意啊！

现如今，大部分乡民都将六合彩当作"小赌怡情"的节目，一周开奖三次，节奏刚好，算是日常生活中有了共同话题，人们也有个"盼头"。但是，每年总还是有几个乡民因赌六合彩而弄得倾家荡产的。

三是赌场。乡间有两个大混混，都有黑道背景。一个大混混经营着大茶馆，不定期地在其茶馆组织超大规模的"局"，如50元或100元开胡。还有一个则专门组织"八点场"，运用乡间所称的"龙虎斗"（老虎机）和"掐八点"（推牌九）组织赌博。

超大无比的麻将局，当然不会常年进行。一年也就那么三五次，每次个把星期。大混混每次"组局"时，都亲自上门邀请一些任务目标去他的茶馆玩玩。那些有点小钱、平常本来就喜欢打牌的中年男子，多半觉得这么大的"人物"邀请，真是有面子。结果，一旦进了别人的"局子"，总得输个几万块钱，有时还欠一屁股赌债才算完。这个大混混也甚是大方，凡是向他借赌债的，要多少给多少，根本就不怕这些赌徒们还不起或故意不还。

"八点场"也是一年组织几次，其特点是具有高度的流动性（却未必有隐蔽性，因为普通民众都知道），每天打一枪换一炮，或在这个混混自己家中，或在别人家中；或在街上、村中某户居民家中，或在山头野外搭棚。由于资金规模大、参与人数多、输赢变化快，甚是适合赌徒的需求。以"掐八点"为例，一个人坐庄、三个人摸牌，另有参与者可以在庄家之外的任一家下注。只要庄家愿意，下注人数不限。该乡的"八点场"几乎是赌徒们的狂欢，规模一般在几十上百人之间，有积极参与的，还有纯粹是看热闹的，每次赌资都有几十万之多。

（2）乡村赌博的灰色产业链

在笔者调研的乡镇，赌博业有一个较长的产业链。在这个链条里面，处于高端的是2个大混混，他们在某种程度上制定了"消费"及服务标准，其组织性也较强；处于中端的是那些打中牌的茶馆及各个码庄，他们是乡村赌博业的中流砥柱，在赌博的去污名化、培养基本"赌徒群众"方面，起到了不可或缺的作用；处于低端的，则是那些数量不多的小茶馆，客观上为赌博生态的塑造提供了掩护。

2个大混混在组织赌场方面都可谓是轻车熟路。他们风格有异，危害程度却差不多。组织大麻将局者，在乡里人的形象中是一个"乡绅"，从来都是客客气气的，组织的牌局也甚是"文明"，感觉就是去一个高档会所。笔者在调研期间，从未听说过其在乡间耍过什么黑招，所有人却都对其敬畏有加，谁都可以感受到其温婉笑容背后的杀气。只要是在乡间有点社会接触面的人，只要受其邀请，多少得给其"面子"。如果不去其赌场玩玩，甚至都觉得是在驳这个大混混的"面子"，就怕哪一天会被其下阴招。因此，乡里人明知其是鸿门宴，却也得装得很高兴的样子前去"送钱"。

组织"八点场"的大混混，则风格迥然，其霸道、阴狠是写在脸上的，其血债累累也是众人皆知的。以至于，笔者的调研几乎不需要多"深入"，在乡里随便问几个人都可以说出其故事之一二。2016 年，一村民因欠了"八点场"的高利贷共 7000 元，被几个混混拖至债主家中非法拘禁、暴打了一晚；第二天一早，此人被发现死在了他自己家。乡间流行两个说法，一是说此人被逼无奈喝农药自杀而亡；还有一种说法是，此人是被黑恶势力暴打致死。只不过，这个村民在乡间无至亲，唯一的一个弱智女儿远嫁外省，根本就无力追究其死因。因此，此人死了白死。2015 年一年即有 2 起恶性事件。一妇女也因欠了"八点场"的高利贷，被逼无奈躲在一个山头 2 天，最后在山上自杀身亡。乡政府为了安抚受害者家属，让其丈夫及小孩吃低保。在这起事件过后，又有一位乡民被高利贷所逼，自杀身亡。其家人将死者棺材拖至乡政府门口讨说法。派出所出面调解，让债主赔了 17000 元，乡政府再"人道主义救助"了 4 万元，终于息事宁人。每死 1 个人，乡间茶馆即被勒令停业整顿 1 周，乡里人早已见怪不怪，戏称是全乡所有赌徒为死去的赌徒默哀 1 周。

但就该乡的赌博业而言，他确实做得很是成功，几乎达到了企业化运作的水平。一个成功的"八点场"，需要符合几个要件：

（1）安全。就乡里人的认知而言，无论是赌场的组织者、提供场所者，还是参与者，都知道他们在从事赌博活动。因此，保证赌场安全，有效防止公安机关打击，是成功的前提。就安全要件而言，它包括几个方面：一是场所的安全，不在固定场所、固定时间开设赌场，可以大大提高隐蔽性；二是现场秩序的维护，一个合格的赌场，既要在合适的地点安设明哨、暗哨以防止公安机关的打击，又要有足够的力量防止现场有人闹事。进过赌场的人都知道，赌徒们的心态大多不会好，输赢都会影响心情，相互之间很容易产生摩擦。因大打出手而惊动派出所的情况，并不是没发生过。因此，防赌徒闹事和防警察出警一样重要。2013年就出了一个意外，2位赌徒在"八点场"大打出手，结果还闹到了法院，当事者被判刑事拘留。幸亏相关部门没有进一步挖掘案中案，没有牵扯太多人，大混混算是虚惊了一场。

（2）组织。该乡的"八点场"之所以屹立多年而不倒，关键还在于这个大混混有一个成熟的运作团队，对组织赌场可谓是驾轻就熟。团队的核心圈有五六名小混混，这些人负责赌场的设备、坐庄、放贷、安保、服务等，各司其职、各得其利。外围还网罗了不少协助者，如乡间的多名"摩的"司机，就兼职帮忙网罗赌徒，除了赚取正常车费，还可以向组织者讨些"抽红"。当然，那些愿意提供场所的居民，作为积极的合作者，每晚可以"抽红"几千上万元。

（3）赌资。赌徒心态都是想用最少的钱去博取庄家的钱，因而身上都不会带很多现金。可正常情况下，多数赌徒肯定会血本无归。为了让赌局维持下去，提供资金周转就是必要的一环。而赌场上的周转资金，一般都是高利贷。在"八点场"上借钱，条件可谓苛刻：借 1 万，只能拿到 8000 赌资（2000 元算是利息），且要求当晚还清；不能还清者，则每天再加 500 元利息，一月一结。高利贷既是活跃赌场的必要条件，又是混混们谋取利润的主要方式。通常情况下，这帮混混在组织赌场时分工合作，各司其职；在赌场关闭时，主要工作即变成收贷。回款差不多了，下一场赌场又可以开始了。

（4）利润。赌场的利润主要源自两个方面：一是正常的赌博输赢（或"抽红"）；二是高利贷。组织者既可以自己坐庄，也可以不坐庄。如果是自己坐庄，则可以从赌桌上获利。赌场上总是有输有赢，但终归是庄家赢。这是因为，庄家可以通过各种手段"杀牛"（出老千），但赌徒却无游戏操控权。哪怕是从运气的角度上说，由于庄家的资金雄厚，可以坚持到他认为可以到此为止的时候，但赌徒却不可能。组织者也可以不坐庄，而是通过"抽红"来获利。客观上，这些大混混真正赚取的利润，主要源自高利贷。而放贷、收贷都需要一些技术。最关键的是，要了解每一个赌徒的家底。死赌滥赌者一般没什么家底，只能放个几千块钱，他通过打工就可以还清；而家里有一些生意，或子女、配偶可以依靠的，可以多放，反正跑得了和尚跑不了庙。收贷也要很讲究，最好可以用平和的、商量的口气让赌徒按时还贷，如到了还贷时间就约他去县城某个宾馆聚聚，直到他找遍自己的关系还清贷款为止。退而求其次，就骚扰其家人，时不时上门去催债，说一些狠话，直到其家人烦不胜烦替他还了。再不济，就耍点暴力，折磨其身体和意志，欠债总是要还的。当然，对那些实在无法还债的死赌滥赌者，狠狠地教训，让众人所知也是可以的。2017年春，一位赌徒被这个大混混的几个马仔挑断了脚筋，至今未能痊愈。甚至于，如上文所述，逼死人也是常有的事。

赌场之存在，是以休闲娱乐之茶馆为基础的。乡里赌场之盛、组织者之明目张胆，实则是因为他们找到了一种适合赌博寄生的社会生态：（1）以茶馆及六合彩之覆盖面，使得乡里人对赌博的接受度极高。尽管人们对赌场及茶馆之本质区别还是很清楚的，但在茶馆不劳而获的体验，与在赌场押注、在地下六合彩押"特码"企求一夜暴富的心态，并无本质区别。这也就可以理解，乡里只要开赌场，总是可以吸引众多乡民参与、观望。哪个人在赌场赢得多，或买中了六合彩"特码"，立马会传遍全乡，羡慕者有之、求教者甚多。

（2）本质上，茶馆为赌场培育了基本的赌徒群体。赌场从不缺客源，茶馆的存在厥功至伟。如果说茶馆是赌徒们日常生活的蓄水池，并让其保持了赌博习惯的话，那么，赌场就是泄洪区，积蓄日久的赌徒心态，可以从赌场中找到更大的刺激。久而久之，乡里的赌场看似是不定期的，但其实其开设时机非常有讲究。春夏秋冬，避开农忙，总要在每个季度的农闲时期找一个合适的时间开办一下，且每次就1个星期左右。

（3）茶馆培养了一种畸形的消费习惯。茶馆间的竞争甚是激烈。为了吸引顾客，各个茶馆绞尽脑汁扩展服务内容、提高服务质量。而今，一些大型的茶馆，其服务标准是：为打牌者及其家属免费提供午餐（午餐按照当地待客的最高标准定制）；免费提供茶水；车接车送；如有小孩，茶馆可负责照看。一些茶馆为了吸引顾客，甚至进门即发 5 元红包。久而久之，茶馆成了很多乡里人的第二家庭，茶馆承担了诸多家庭功能。比如，很多人快到午餐时分，就拖儿带女找个茶馆消费去了。不少在集镇带小孩上学的家长，根本不用自己做饭，小孩放学了直接到茶馆即可，生活甚是惬意。这种营销模式，和赌场如出一辙。那些"八点场"，对所有到来的赌徒，无论其是否参赌，都报销车费、进门即发 20 元（或一包烟），赌场内好吃好喝招待。乡民们甚是享受茶馆及赌场制定的服务标准，以至于每个人都默认了"顾客就是上帝"的宗旨，日常生活中越来越讲究，"吃好、穿好、玩好"是很多乡里人的潜在意识。

（3）赌博是乡村社会之癌

笔者所调研的这个乡镇，曾经是一个非常传统的农村。当地七八十岁的老年人，仍然保持了农民本分，勤劳朴素且严于律己，基本上都是"活到老、干到老"，不愿意给后辈增加负担。绝大多数老年人会自己安排好老年生活，包括准备好自己的后事。甚至于，相当一部分老年人会根据自己的实际情况，以不给后辈"添麻烦"为原则，选择自杀身亡。老年人的高自杀率，或许是传统农民优良品质的表现，却也可以说是现代农民不负责任的结果。当地很早就实行了独生子女政策，导致第一代农民工在抚养、教育子女方面，负担并不重；再加上老年人仍秉持传统价值观，不用他们背负太多赡养老年人的责任，这就造就了一个新旧交替的生活世界。

其核心是，当生活小康时、有足够的闲暇时间时，如何安置农民的生活？客观上，有效安置生活并不是一件简单的事。传统农村是一个物质匮乏的社会，绝大多数农民少有闲暇时间；有那么一点闲暇时间，也是在节日的公共生活中度过。其结果是，赌博是少数有钱人的"特权"；少数无钱的"烂赌鬼"，也会招人唾弃。他们是乡村道德世界中的"败家子""光棍"。在工业社会中，人们的时间为流水线所控制，闲暇（假日）本质上是为了更好地工作。因此，大部分在工厂打工的农民工，并不被认为可以毫无顾忌地浪费时间、浪费金钱。恰恰是处于物质丰裕时代的已经返乡的第一代农民工，如何安置生活成了大问题。他们不再受流水线的控制，却早就被卷入了消费社会的逻辑之中；他们名义上已经返乡，但农业却早就告别了脸朝黄土背朝天的景象；他们身在农村，心在花花世界。而在某种意义上，赌博具有麻醉精神生活的作用，它既可以有效地填充闲暇时间，又可以时不时刺激已经毫无人生斗志的麻木神经。

于是，一大批人寄生于赌博场中：聪明者从中牟利，普通者及时行乐，失败者或妻离子散、家破人亡。它将社会中最赤裸裸的两极分化呈现于人们面前。以至于，乡民们竟然不自知地有了一种对权势的畏惧感。那个开茶馆的大混混，只要办喜事，乡民们便争先恐后地上礼；街上给乡民们打声招呼，乡民们也会觉得很有面子。另一个逼死多条人命的大混混，人们心里虽有怨言，且从不敢招惹，就怕哪一天被他报复。就在笔者下笔的前几天，他竟然得意洋洋地到各个茶馆"宣传"中央最新精神："像我这样的（组织'八点场'），是要被抓起来的；（我已经不干了）你们竟然还在明目张胆地开茶馆！"看来，就乡村社会而言，聪明者终归是聪明者，至少审时度势的能力要比一般人强。

事实上，赌博已在慢慢腐蚀当地政治社会生态，一种赌徒心态在乡村社会蔓延开来。农民幻想一夜暴富，早已习惯于及时行乐，不劳而获也是普遍的意识形态。出入茶馆的那些乡民，无论其实际消费能力有多少，消费支出的标准却不能下降：烟总是要抽好的（普通人都要抽 25 元 / 包的，稍微讲究一点的得抽 30 元 / 包的）；饭也要讲究（当地流行钵子菜，在茶馆一餐不少于 6 个钵子）。当地很早就与城市"同工同价"，如多年前建筑小工即达到 120 元 / 天，却经常招不到工，人们普遍认为干这种活不划算、没必要，还不如到茶馆打牌挣得多。

其结果是，人们对因赌而生的丑恶现象，丧失了价值评判能力。哪怕是高利贷逼死人事件，乡里人也仅仅是唏嘘一番，甚至于无聊者还拿这种事当作谈资，调侃茶馆关门歇业是全乡为其志哀。至于茶馆赌博闹出的家庭纠纷则数不胜数，人们早就习以为常。比如，2016 年发生了一件传遍全乡的丑闻。一位在家带小孩上学的奶奶，因天天在茶馆赌博，入不敷出，不仅私吞了在外打工的儿媳妇寄回来的人情钱，还不断编排各种理由索要儿子儿媳妇的血汗钱。这一年，儿子儿媳在家的新房落成。乔迁之喜时，竟然没有一个亲戚朋友前来道喜。事情败露，儿媳妇气得当下即把招待客人的食物倒向鱼塘，第二天即返回广东。还有不少留守家中的中年妇女，打牌之豪气远超男子。有一个女子，曾在茶馆连续奋战五天五夜，其间连脸都没洗一回。一年以后，欠乡里的各个茶馆七八万。自觉无法再在乡里立足，竟然抛夫弃子跟一位同样欠了不少赌债的单身汉到广东去做同命鸳鸯去了。只不过，刚刚传回的消息是，此女到了广东仍秉性不改，不仅不做事，仍是非常豪爽地买码、打牌，已欠十几万赌债，害惨了一同私奔的男子。

赌博也侵蚀了基层政府和执法机关的公信力。笔者在调研该乡的赌博时，意外发现早有乡民在当地网络论坛上举报该乡甚为繁荣的赌博业。每次当地政府都认真回复。如一个回复说，派出所经过暗访，这些茶馆基本上都是休闲娱乐性质的麻将馆，并无赌博发生云云。举报者、旁观者当然不服，一大堆抨击基层政府不作为的留言接踵而至。就笔者的调研而言，基层政府的反应符合一般逻辑，却未必是全部真相。

从公安机关办案的角度上说，赌博认定两个关键要件：（1）组织者是否以营利为目的；（2）数额是否巨大。两个要件的认定都存在一定的主观性和模糊性。就乡里的赌博形势来看，除了"八点场"完全符合这两个要件（甚至还因涉黑原因而远超这两个要件），以及六合彩因"地下"之原因，可以认定为是赌博性质外，其他形式都多少有点争议，也易于让人钻空子。比如，超大麻将局的组织者，就主观动机而言，确定无疑就是赌局。但是，其使用的赌博工具（麻将）是一个常见的娱乐工具；也在茶馆这个"正规"休闲场所进行；甚而为了规避法律风险，借再多的钱出去也不收利息；他本人是乡里最大的混混，却从不对乡里人采用涉黑手段。说白了，这个赌局在形式上和那些普遍存在的打中牌的麻将馆并无区别。

而如果按是否"抽红"这个盈利方式作为定性标准，则可能殃及一大批打5元麻将的茶馆。从主观动机看，绝大多数参与者，甚至于包括组织者，都无心从中获取"不正当"的利润，休闲娱乐的性质要明显得多。甚至于六合彩，它虽然是"地下"形式，但参与者众。久而久之，制裁那些大、小码庄是可以的，但基本上不可能追究买码者。

对赌博业的治理和打击是两码事。一般而言，打击是专门机关的职能，党委政府并不参与。因此，乡间赌博业的治理主体实际上是乡镇派出所。可是，如上所言，专门机关打击农村赌博行为，存在非常大的技术困难。最直接的是，派出所并无足够的警力处理如此之多的事务。甚至于，单单"八点场"和麻将局，派出所也没有足够的警力和能力进行打击。派出所能做的只是对那些茶馆进行阶段性排查，并时常告诫经营者不要越界，将其控制在法律许可的范围内。从公安机关的工作出发，这种做法无可厚非。但久而久之，一些有经营头脑的茶馆老板，给派出所所长送点小礼，请其在必要的时候提前打声招呼，也是常有的事。但没有不透风的墙，类似"微腐败"的情况将增加乡民们对基层政府的不信任。

如欲有效治理，则必定涉及乡村政治社会生态的总体改造。甚至于赌博不是治理的主要对象，农民的闲暇方式才是治理的主要内容。笔者调查的这个乡镇，几无公共娱乐活动。一年一两次的庙会，也仅仅是高龄老年人的娱乐方式，中青年并不参与。而有钱有闲的恰恰是那些中年人，以及在家带小孩的年轻妇女。尽管现代社会的私人生活已经不适合公共权力干预，但提供公共文化产品却是现代国家的基本职能。闲暇并不完全属于私人事务，而是一个公共性极强的事务。乡间这几年兴起了广场舞、腰鼓队等娱乐方式，乡镇党委政府也针对大操大办等做了些许移风易俗的工作，但从治理赌博这个社会之癌的角度上看，还差太远。

赌博是社会之癌，它与乡村衰败、道德滑坡、法治不彰、权力腐败等都有密切关系。赌博业或许是很多农村地区最大的第三产业，其参与者之多、利益相关者之众、产业链之长、创造的GDP 之大，都是别的产业难以望其项背的，这大大增加了其治理难度。安置好农民的生活，让其有更为健康的公共文化生活，才是有效打击农村赌博的治本之道。

——原文删减版《值得注意的"社会之癌"：一个乡镇的赌博业调查》，载于"侠客岛" 2018 年 2 月 21 日

"村治模式"调查提纲

一、村庄概况

1. 历史与沿革。行政建制与沿革，主要姓氏，居住时间，自然村分布，村庄历史，风俗传说。

2. 地理。村域总面积，村庄地图，主要居民点、道路和河流分布。村庄地形地貌（平原、丘陵、山地），耕地（水田、旱地）、山林，水面等。

3. 人口。总人口数，常住人口数，近年的变动（人口普查数据），人口性别、年龄结构，劳动力，人口流动与留守人口，户数。

4. 公共设施。水利、公路、电力、公园、广场、球场、办公场所、学校、卫生室、养老场所、祠堂、墓地、公共厕所，集体资产资源状况。

二、农民家庭

1. 家庭生计。家庭结构，核心家庭、直系家庭、联合家庭、空巢家庭、单身家庭等。劳动分工，家庭劳动力配置方式及其变化，重要家庭事件（生、老、病、死，婚、丧、嫁、娶，升学、参军、盖房等）、人生任务节点及其影响，家庭收入结构（经营性收入、工资性收入），日常生活支出。家庭资源配置，是否进城购房、买车比例，家庭生活目标，家庭发展动力。

2. 农民婚姻。婚姻形态（自由恋爱、相亲等），婚配过程，婚配要求（经济，个人能力等），婚配权力（谁做主），婚姻消费（彩礼与嫁妆）；光棍（光棍的界定、数量、年龄构成、形成原因），离婚，婚外情等。

3. 生育。农民家庭的平均生育数量，性别偏好，独立子女比例、独生子女父母的福利待遇，农民家庭二胎、三胎的生育比例与动力，生育决策（谁主导），生育观念及地方性的生育文化，影响生育行为的主要因素，生育政策的变动（从计划生育到放开、鼓励生育），生育政策对农民的影响。

4. 子女抚育和教育。育儿模式，包括隔代抚育、亲代抚育，家庭内部的育儿分工。进城读书的比例，进城读书的条件。子女的学校选择，乡村还是城市、公立还是私立，家校关系。子女的教育支出，在学校的支出、在课外的支出。父母是否陪读，对子女教育的预期。

5. 家庭关系。区分不同时期的代际关系，关心代际合力、代际支持、代际互动，尤其是代际之间的日常互动，婆媳关系的变迁。夫妻关系，日常互动、情感表达、谁当家、夫妻分工、夫妻关系的变迁。兄弟关系、兄弟分家规则。姻亲关系的强度，女儿角色及其变化（如女儿在养老中的角色）。

6. 养老。老年人养老资源的来源，包括农业经营、打工、养老金，儿子、女儿赡养情况，赡养风俗的变迁。农村养老的类型，居家养老，村社互助养老，老年人协会组织的建设，乡村机构养老（正规的、非正规的），进入机构老人的案例和村庄的评价。老年人闲暇、社会交往状况。对失能和半失能老人的照料，临终关怀。

三、乡村文化与生活方式

1. 文化设施。农家书屋、远程教育、棋牌室、体育广场、建身器材、步道等。政府组织的电影、戏剧和其它文化活动，科教培训，健康服务等。

2. 村庄公共活动。广场舞、舞狮舞龙等，宗族聚会、庙会、节庆文化活动。婚丧嫁娶等习俗和文化活动（如歌舞团、乐队，以及其他活动）。串门聊天，聚餐，茶馆（麻将馆），赌博和六合彩，村庄中的"闲话"。新兴闲暇方式，进城逛街、旅游、短视频、直播等。

3. 家庭生活。居住格局变动，房屋结构、楼层与家内格局；装修风格和投入；院子与围墙；城乡两栖，代际的居住分配；建房潮；附属建筑的功能（粮仓、养家禽家畜、麻将房等）。婆媳关系，礼物、年节祝福和走动、育儿观念、生活习惯、饮食习惯、性格。年轻夫妻的关系，过生日、过节、送礼物、网络节日、恋爱观、情感生活、家庭发展目标）。

4. 社会交往。农业生产中的换工、帮工、雇工与农业机械化的关系，生产过程的内部协调（农户与农户、农户与农机手）。人情往来，金额、范围、人情退出，人情成本，办酒席的形式变迁。"立门户",父代与子代的人情如何分配与继替,人情涨价的过程。日常性人情(帮工、换工)与仪式性人情。

5.移风易俗。人情负担、高价彩礼、大操大办、厚葬薄养、地下教会、赌博等治理情况,丧葬改革情况,新时代文明实践的主要做法。

6.乡村宗教和信仰。祖先崇拜、巫术、地方信仰,道教、佛教、基督教及其他西方宗教,邪教。信教群体的人口学特征,包括年龄、性别、家庭人口构成、家庭关系、身心健康状况、家庭经济状况。宗教信仰仪式。仪式活动地点、时间,仪式过程、意义,仪式操演的人员与构成,仪式节庆,仪式禁忌等。宗教信仰传播,教众规模、传教途径、传教人员和传教资金,村庄内宗教活动场所(包括合法和非法场所),不同宗教信仰之间的竞争。宗教渗透情况,宗教参与公益事业、调解纠纷、介入基层政治活动等。县乡村三级对宗教活动的治理情况、难点、原因与策略等。

四、村庄政治

1.村级组织。组织架构,党支部、村民委员会、村务监督委员会和集体经济组织。其它非正式组织,如老年人协会、乡贤会、理事会等。第一书记和驻村工作队。村组干部、村民代表个人及群体情况,年龄、性别、就业情况、家庭情况、社会交往情况等。村庄精英、有威望的老人、积极分子情况。村干部待遇(水平、来源、),职业特征(坐班、考核等),流动性。

2.村庄事务。具体内容,如党建、公共品供给、矛盾纠纷调解、移风易俗、农业现代化、乡村振兴等。事务分类,如短期任务和长期任务、应急事务和常规任务、行政事务与自治事务、村庄外生事务与内生事务、私人事务与公共事务等。各类事务的数量特征、分布特征、发生频率等。不同时期村庄事务的变化,村庄工作的性质(群众工作、文书工作)。村庄矛盾纠纷(尤其注意上升为信访事件)的数量、类型(家庭纠纷、邻里纠纷、土地纠纷、利益纠纷等)。党组织领导的自治、德治和法治结合状况,村干部、小组长、家族权威、社会权威、政府、派出所等主体,情、理、力、法等社会治理机制的实践状况。

3.村庄权力结构。精英构成,体制性精英、非体制性精英、普通村民。村庄派系,大族－小族,利益派性,大村—小村。村庄权力结构特征,均衡/不均衡、整合/分裂、稳定/不稳定等。

4.村民选举,选民情况、选举程序、选举制度等。竞选者的基本情况,性别、年龄、家族情况、经济状况、参与竞选的动力、竞选策略等。村民参与情况,村民心态、行为表现、对选举的认知与态度等。政治参与分化情况,积极分子、消极分子、中间分子、投机者等。地方政府的态度倾向与选举动员策略。村庄选举的历史变迁。贿选、派系斗争等问题。村务公开、村务监督、村民代表大会等情况。

五、农业经营

1.基本情况。农户数量、人口数量、土地面积、种植结构(经济作物和大田作物)。外出务工情况,务工类型、务工地点分布、收入情况。农业经营主体(谁在种田),老人农业、中坚农民、家庭农场、资本下乡、农民专业合作社的大概情况和所占比重,以及每类主体的经营情况，整体发展历程，和村庄的关系等。

2. 土地利用。土地承包，人地关系、土地承包方式（如两田制）、土地承包时点、土地调整方式。土地确权，包括确权不确地、土地股份合作社、动账不动地等土地制度实践。土地流转规模、方式，高标准农田建设项目，"小田并大田"等土地制度创新。土地抛荒规模与成因、进出平衡（找回耕地）、土地复垦（包括增减挂钩、占补平衡）、设施农用地政策。农业基础设施情况，具体包括泵站、水渠、堰塘、机井、机耕道，是否进行过高标准农田建设，建设情况如何等。

3. 集体经济组织。集体经济收入，通过哪些方法创收，主要用于哪些方面，是否有来自土地流转和农业生产的部分。集体机动地的规模和管理、集体经济合作社、新型集体经济、集体经济项目投入与收益、消除集体经济薄弱村政策、村级债务规模与形成原因。村庄规划、宅基地规模、宅基地管理机制与程序、宅基地流转、宅基地整治退出、集体经营性建设用地规模与入市方式、征地拆迁的政策实践。

4. 农户基本情况。人口、就业、分工、收入（农业、副业、务工等）、主要开支等。承包地多少亩，种植多少亩，流转出入多少亩，流转进来多少亩，流转费多少，流转给谁，从哪里流转等。

5. 种植情况。作物选择及其原因。种植成本（按亩计算），统计项目包括种子（或秧苗）、旋耕、播种（或插秧）、化肥（包括尿素、复合肥）、农药（包括杀虫杀菌剂、除草剂）、水电费、收割等。种植收入，产量 × 价格 = 毛收入，毛收入 − 成本 = 纯收入。

6、农业社会化服务。农药、化肥、种子从哪购买，拖拉机、收割机是自有，还是购买服务，从哪购买，服务主体是否是熟人，服务关系是否稳定，如何选择等。农业技术，新品种、新技术、新方法从何处获得，农资店、种植大户、农技站分别发挥什么作用等。

六、农民工

1.农民工基本信息。村庄外出务工农民工的数量、本地务工农民工的数量，农民大规模务工的时间、集中务工地，春节前后农民工返乡过年状况（这个时候对农民工的调查时机很好，能接触大量农民工）。村庄农民工的性别、年龄、婚姻家庭特征，有无独特的务工经商的产业（同乡同业），务工经历（在哪些城市务工，做过什么工作），返乡经历（为什么返乡）。

2.务工生活。本地务工还是外出打工，历史变迁状况。就业类型、从事的具体工种、收入水平、社保状况、工作时长和工作时间安排、工作环境、求职方式、工作目的和态度、劳动合同、劳动纠纷和执行。外出务工的居住环境、出租屋条件、买房情况，租金、公共卫生设施。饮食消费水平，饮食习惯，自己做饭、食堂吃或饮食店消费。下班或休假期间的休闲娱乐方式和消费水平。务工期间的人情往来、社交范围、社交时间和地点、与本地人的交往、企业内的社交圈子。

3.务工所在地公共服务。在务工地就学情况，就学诉求情况，在公立学校就读情况，与本地学生相处情况。就医情况，小病和大病的就医方式，农民工聚居区的诊所、药店情况。交通情况，通勤半径、通勤方式、返乡交通方式和时间。就业、就医、就学、公共生活设施等方面的政府资助情况。劳资纠纷、工厂内部斗争、帮派冲突、上访，劳动仲裁部门和其它权利救济情况。

4. 城乡互动。打工目的、未来生活预期，返乡就业创业情况、返乡频率，在家乡县城买房、村庄建房，返乡建立家庭农场耕种情况，农民工在乡村的家庭成员的情况，与家乡的人情往来。不同代际农民工价值观、就业方式、打工目的、未来生活预期、消费、劳动态度、社会交往、与家乡关系等方面的差异。不同区域农民工的工作、生活、社交的方式和态度差异，"老乡"聚居情况、帮派情况。

七、农民城镇化

1. 县城。县城地理区位、人口规模、县域产业状况（可通过县志、县统计局的基本材料来了解）。县域劳动力就业和流动状况，农民工外出务工主要地点行业，农民工返乡情况。县域城镇化发展重要时间节点，县城房地产开发与基础设施建设，县城房价，招商引资与产业园建设。县城公共服务情况，学校、医院、养老机构等。村庄位置，所在地区、与城市的距离、交通是否便利，网购是否方便、快递能否到村。村庄建房潮、农民进城购房有没有攀比，进城购房农户比例等。

2. 农民城镇化方式。进城务工，家庭成员外出务工时间、地点、职业、收入情况，外出务工的经历与劳动力生命周期，人们对外出务工和城市生活的看法。进城购房，城市买房意愿，购房地点、房价，按揭／一次性付清，购房款来源，房贷多少及谁来还，进城买房原因（结婚需要、小孩上学、年轻人就业等）。

3.进城生活。县域内城乡之间的道路情况，城乡公交，学车、买车情况，农民家庭汽车普及率和使用方式。买房时间、地点，购房成本的分担，家庭成员居住城镇状况，留守村庄居住状况，是否继续从事农业生产，在县城就业还是外出就业，收入是否稳定（社会保障状况），就业类型（创业、兼业、传统务工）。

进城农民工家庭新的消费方式、消费项目、支出，城乡消费差异，借贷情况。在县城建立的人际交往圈子、形式、闲暇生活，从县城回村的频率和缘由。是否适应城市化的新生活，村庄房屋田地是否还保留，是否保持村庄社会关系。家庭成员和邻里亲属之间的城乡交往方式及密度，进城农民参与村庄公共活动的情况。

八、乡村教育

1.乡村学校总体情况。乡村的中学、小学、幼儿园的数量，类型（办学层次，公立、私立；规模，小规模、中等规模及超级学校）。

2.村小情况，学生、教师数量，学生家庭背景、流失情况，教师流动情况与工作动力，学生管理，学生互动，校长的产生与职责，校社关系、家校关系。乡镇中小学情况，学生规模、家庭结构、留守情况，学生学习负担、心理健康问题、学习态度、网络使用情况，学生食宿、同辈互动、校园欺凌情况。教师数量、来源、招聘与流动，教师管理与激励、竞争与发展、教师培训。

学校政教、教务、家校、镇校关系。教育管理情况，项目投入、监督检查、任务下派、人事调动、舆情应对、应急治理等。

3. 家庭教育。家庭教育分工，陪读、托管、进城买房、校外培训等的投入情况。家庭育儿方式，粗放式育儿与精细化育儿，具体表现方式（胎教、婴儿用品、母乳喂养、育儿知识等）。隔代教育，家长权威，管教方式。兄弟姐妹关系。

4. 社区教育：校外时间利用方式，玩手机、学习、同辈交往，社区看护、教育能力，社区教育支持系统，如适合青少年儿童的图书室、活动室，四点半课堂，社区举办的课外培训（希望家园、希望书屋），教育基金会等。

九、乡村养老

1. 基本情况。老年人数量、高龄老人数量，村庄空巢老人的比例，村庄半自理、不能自理老人状况，老年人自杀案例和自杀原因。老人从事农业生产的数量、规模、方式等。老年人的疾病特征、比例及治疗情况。村庄内有无老年人活动场所、老年人协会；有无村社互助养老机制、养老机构；典型的地方养老经验与问题。村医情况，老年人慢病管理，基本药物等。

2. 家庭状况。老年人收入，养老金、农业、非正规就业。生活支出，衣食、医疗、人情等。家庭子代数量、年龄、工作、居住地及子代家庭状况。老年人居住单位，空巢、独居、和子女住，或住养老院。老年人赡养模式。

3. 社会生活。老人生活中的不便，尤其是高龄独居老人，吃饭、出行等；寻求帮助的对象，亲属、邻里、村干部等。日常生活，时间安排，劳动、看电视、聊天、短视频等；与子女联系，方式和频率，探望、电话、礼物交换等；村庄公共活动参与。老年人的感情需求情况。

4. 社会支持。生活自理程度，疾病情况，尤其是失能半失能老年人，照料主体和时间。家庭之外的照料替代选择，请人照料、进养老院等。自理老人对照料的预期，是否有稳定预期、谁来照料、如何照料。养老纠纷情况，法律、村干部介入、社区舆论。是否有老年人自杀情况。

十、贫困问题

1. 农村困难群体总体规模与类型。脱贫不稳定人口、边缘易致贫人口、突发严重困难人口，丧失劳动能力人口，重病患者、重度残疾人情况。

2. 低保和特困人口（俗称五保户）。最低生活保障人口数量、类别、等级，低保认定办法（标准和条件）和实际操作方法。特困人口数量与类别，分散与集中供养的情况，供养标准。养老院的情况，设施、规模、护理与管理、资金保障等。

3. 农村低收入常态化救助帮扶政策。低收入人口困难类型，分层分类社会救助政策，低收入人口发现、动态监测和救助帮扶机制及其存在等问题和难点。

4. 贫困户监测。脱贫户、监测户的规模与类型，监测户的主要返贫风险。贫困村和贫困户的结对帮扶情况，第一书记和工作队驻村情况。针对脱贫户、监测户的特殊性帮扶政策，如教育、医疗、就业、公益性岗位、危房改造、易地搬迁后续扶持、产业奖补、医保等的实施情况。返贫风险的标准和依据，监测的标准和依据，上级对检测户规模、比例等方面的要求。监测户帮扶计划制定和措施申报、实施情况，脱贫不稳定户、边缘易致贫户、突发严重困难户的帮扶措施的差别。

5. 就业。雨露计划，人数、开展就业培训情况，雨露计划毕业生和脱贫家庭高校毕业生就业情况。脱贫户务工补贴政策情况。

（本提纲由吕德文、刘燕舞、夏柱智、邢成举、孙新华、李永萍、杜姣、吴海龙、朱战辉、雷望红、胡晓映、陈璐共同制作）

后记

本书名为《做接地气的调查研究》，是笔者近 20 年田野调查经验的理解和反思，尝试向读者呈现一种切合当下中国实际的调查研究方法。

在中国语境下，调查研究既属于学术范畴，也属于政治范畴，学界对两者间的联系论述不多。在笔者的研究经历中，也常常接触党政机关的"调研政治"，政府部门的政策调查，以及市场调查和学术调查。这本书着力勾连专业和大众的解释，反思调查研究中的陷阱，分析调查研究的构成要素，提供调查研究的操作策略。

本书的内容来自两个部分。一是过去多年笔者积累下来的关于调查研究方法的反思和总结文字，以及若干有代表性的调查报告。二是 2018 年以来笔者给武汉大学社会学院研究生授课的讲稿，以 2023 年春季讲稿内容为主。

感谢东方出版社姚恋和李志刚老师，没有他们的约稿和认真编辑，这本书就不会在这么短的时间内和读者见面。武汉大学社会学院的博士生任知言、司湘云，硕士生李瑞阳、胡毅然、王子明、黄羽、孟凡泽、李菲玲、程欣帮忙整理校对了书稿，一并致谢。

这本书是对华中村治研究方法的延续讨论。前期的讨论，读者可以参考贺雪峰教授编著的《华中村治研究：立场·观点·方法（2016 年卷）》（社会科学文献出版社 2016 年版）和《在野之学：建立中国社会科学主体性》（北京大学出版社 2020 年版）。

吕德文，2023 年 10 月 18 日